SO-BXZ-488

Las llamadas perdidas

Manuel Rivas

Las llamadas perdidas

ALFAGUARA

Título original: As chamadas perdidas
© 2002, Manuel Rivas
© De la traducción: Manuel Rivas
© De esta edición:
  2002, Santillana Ediciones Generales, S. L.
  Torrelaguna, 60. 28043 Madrid
  Teléfono 91 744 90 60
  Telefax 91 744 92 24
  www.alfaguara.com

• Aguilar, Altea, Taurus, Alfaguara S. A.
Beazley 3860. 1437 Buenos Aires. Argentina
• Aguilar, Altea, Taurus, Alfaguara S. A. de C. V.
Avda. Universidad, 767, Col. del Valle,
México, D.F. C. P. 03100. México
• Distribuidora y Editora Aguilar, Altea,
Taurus, Alfaguara, S. A.
Calle 80 n° 10-23
Santafé de Bogotá. Colombia

ISBN: 84-204-6418-X
Depósito legal: M. 12.393-2002
Impreso en España - Printed in Spain

Diseño:
Proyecto de Enric Satué

© Fotografía de cubierta:
Francine Doisneau en un café en la Av. Jean-Jaurès, París 17 e, 1971.
Robert Doisneau / Rapho

© Ilustraciones de interiores:
  • *Retrato de Simone Nafleux,* Germán Taibo.
  Palacio Municipal. A Coruña. (Fotografía de Xurxo Lobato) (Pág. 72)
  • *Virgen de la Serpiente* (detalle), Caravaggio. (Pág. 232)

Queda prohibida, salvo excepción prevista
en la ley, cualquier forma de reproducción,
distribución, comunicación pública y transformación
de esta obra sin contar con autorización de
los titulares de propiedad intelectual.
La infracción de los derechos mencionados
puede ser constitutiva de delito contra la propiedad
intelectual (arts. 270 y ss. Código Penal).

Índice

Nosotros dos   11

La mirona   31

El héroe   41

El partido de Reyes   55

El escape   69

El amor de las sombras   85

La duración del golpe   99

La confesión   111

El lobo y la sirena   121

Snif, bang, bla, bla, bla   131

La sinceridad de las nubes   143

Los Inseparables de Fisher   147

El puente de Marley   151

Algo de comer   155

El duelo final   159

La medida del agrimensor   163

Todos los animales hablan   169

Chiapateco   179

El estigma   183

El leikista   191

El protector   195

La gasolinera   201

La limpiadora   209

La casa de las gaviotas   217

Espiritual   229

Nota del autor   237

Queman todo lo que tengo o lo poco que tengo.
No me importa, etcétera.

El poema supremo, dirigido
al vacío —éste es el coraje necesario.
Esto es algo completamente diferente.

ROBERT CREELEY

Nosotros dos

Íbamos los dos en la lambretta de Ricardo Tovar. Éramos más que amigos. Vecinos de puerta con puerta, compartimos juegos desde muy pequeños, pero, además, hicimos juntos las primeras maldades. Y eso une más que cualquiera otra cosa.

Ricardo conducía la moto. Había tardado en arrancar, con catarro en el motor, tosiendo un humo feo por el tubo de escape. Pero ahora rugía solitaria, con nosotros dos de jinetes, sembrando orgullosos petardos de domingo en la desgana mohosa de la tierra. Ricardo era muy diestro para las máquinas, y yo más bien torpón. En realidad, Ricardo era decidido en todas las cosas, y yo, pues yo iba detrás. Lo mismo que ahora. En la moto. Iba detrás, de paquete. Bien agarrado a él, porque a mí me dan vértigo las máquinas. Bien ceñido a él, pegado el pecho a su espalda, y con las manos en los bolsillos de su zamarra. ¡Fue cosa de él, eh! El que metiera las manos en los bolsillos de su zamarra fue cosa de él, eso que quede claro. Él conducía y no podía llevar las manos en los bolsillos. Así que me dijo: «¡Mételas tú, Tomé!». Normal. Éramos de mucha confianza, Ricardo Tovar y yo.

Con el cuerpo ceñido al suyo, por el vértigo y porque soplaba un viento que cortaba con cuchillas de hielo, que amorataba la piel como un cilicio por las llanuras tiñosas del invierno. Un matacabras que no se sabía de dónde venía, que iba a la cacería de la moto por el purgatorio, mientras el lento crepúsculo fundía cera en los altares de piedra de la cordillera y teñía en llamas rojísimas el gran peto de ánimas del poniente. La zamarra de Ricardo Tovar se la había traído de Rotterdam su tío, y a la vez padrino, que andaba embarcado en la mercante. La moto, la primera de toda la comarca, también se la había comprado él, el padrino, que era soltero, y quería que a los Tovar no se les tomase nunca más por pobres. Tener ni tenían tierras, salvo alguna parcela pedregosa y una calva de monte, pero nosotros teníamos tierras y ni bicicleta había en casa. ¡Lástima que mi padrino no se fuese por el mundo adelante en lugar de hozar en la tierra! Los cariños de familia se cultivan en la lejanía. La tierra sólo da resentimiento.

Yo iba demasiado ligero de ropa. Elegante, eso sí, que era el traje que me habían hecho para la boda de mi hermana. Pero entonces era verano, y ahora notaba el frío de tal manera que iría más caliente con un traje del papel blanco en el que envuelven las chuletas los carniceros. Ansiaba llegar cuanto antes al salón de baile de San Pedro de Nós. El frío busca los sitios. Penetraba también por los fondos del pantalón y me hacía sentir vulnerable como si llevara faldas.

Menos mal que podía descansar la cabeza en el ancho y encuerado lomo de Ricardo Tovar. Mi cortavientos.

Ricardo Tovar y yo habíamos robado juntos la primera fruta. Robar, robar, eso no era robar. Íbamos a la fruta, como todos los chavales en uso de razón. En la noche de San Juan se daba bula.

Pero el resto del año, había propietarios que se ponían rabiosos y eso ya era entrar en un juego peligroso. Nosotros teníamos mucha querencia por un cerezo de la huerta de Vións, a la vera del camino de Lesta. Este Vións era un hombre que ya metía miedo de lejos. Muy callado. Arrastraba el silencio. Había una marcialidad latente en todo lo que lo rodeaba. También en sus cultivos, ordenados de tal manera que parecían los patrones del sistema métrico decimal. El alineamiento de las coles y repollos, la perfecta formación de los maizales. Cuando acudía a un entierro, en la comitiva fúnebre, parecía que incluso le robaba el protagonismo al difunto y que todos los demás desfilaban como subalternos, en un espontáneo protocolo de alto a bajo, que situaba de solemne estandarte a Vións y de inevitable colista a Petiso de Cousadelo. El carácter severo y dominante de Vións había dado lugar a un celebrado cotilleo vecinal, que yo habría de entender años más tarde. Probablemente había sido invención de Petiso, de quien se decía que le faltaban dos milímetros para ser enano, pero que se defendía con una lengua larga y afilada como la navaja de un barbero. Se contaba que cuando Vións se acostó en la noche de bodas con su mujer y ella exteriorizó con voces cierto placer, «¡Así, más, más, más!», él la acalló imperioso y turbado: «¡Sobran comentarios, Magdalena!».

A nosotros, lo que nos atraía entonces era el cerezo de Vións. En el tiempo de Santa Isabel, nuestros ojos volaban como pájaros hambrientos hacia las tentadoras picotas. Atravesando la prohibitiva frontera del vallado, colgadas de las ramas del cielo, exclamaban: «¡Aleluya, golosos, aleluya!».

Durante años, nadie se había atrevido con las cerezas carnosas y relucientes como gemas de Vións. Él estaba al acecho, centinela, traspasando con la mirada paredes, vallas, losas y setos. Consideraba la posible profanación del frutal como una causa bélica, y dedicaba gran parte del tiempo a supervisar como un mariscal las líneas del frente. Inventó incluso un artefacto para espantar a los pájaros, un cordel que iba de la cabecera de su cama a la rama principal del cerezo, donde había sujetado dos campanillas de monaguillo. Así, no perdonaba ni a la hora de la siesta, en aquellos días calurosos, y tiraba del cordel cada poco tiempo para poner en fuga a los ladronzuelos alados.

Nosotros dos, Ricardo Tovar y yo, sellamos nuestra amistad en el deseo por aquel pecado capital. Éramos, como quien dice, un par de mirlos más hechizados por las cerezas prohibidas de Vións. A revolar, una y otra vez, por el camino de Lesta, orlado de dedaleras, siempre aromático de hinojo, dando picotadas en las moras de las salvajes zarzas. Nosotros dos, Ricardo Tovar y yo, esperábamos una oportunidad.

Y cuando se presentó la oportunidad, nosotros estábamos allí, en el momento y el lugar adecuados, posados en el mirador de una peña al lado del camino de Lesta. Fue un día de domingo, como hoy, pero de mañana hermosa y soleada como el naipe del as de oros. A Vións sólo lo podían echar de su fortaleza o Dios o el Demonio. Y llegó de improviso el gobernador de la provincia. Vións era el hombre de confianza del alcalde en el lugar. El gobernador, como suele suceder con los gobernadores, era un amante de la caza y la pesca. Las autoridades se presentaron con el capricho de cobrar un corzo aquel domingo y a Vións no le quedó otra que marchar de guía por la cordillera del Corisco. Y, además, tuvo que llevarse los perros. Antes de partir, como si olfatease la hecatombe, dejó instruida a su mujer para que agitase de vez en cuando las ramas del cerezo. Pero todos sabíamos que Magdalena, alegre y despreocupada, era el contrapunto de aquel hombre perfecto e insoportable.

El Miedo protege el cerezo. Y se había marchado el Miedo.

No lo pensamos mucho, Ricardo Tovar y yo. Allí estaban las picotas, docenas de pendientes celestes de un rojo violáceo, coreando: «¡Aleluya, chavales, aleluya!».

Sentados a horcajadas, catamos todo el sabor que podía llegar a condensar el demorado deseo. Hasta los mirlos se acercaron con confianza, como si fuésemos gente de su linaje, pero en gordo y capitán. Nos hartamos. Sólo quedaron, como recuerdo del tesoro, dos brillantes gemas en lo más alto.

Al día siguiente, subimos con aire inocente por el camino de Lesta. Justo cuando pasábamos al lado de la valla de Vións, escuchamos el sonido rugiente de una sierra y luego unas dentelladas de macheta. Y una risa demencial. El cerezo se derrumbó de repente y habría caído sobre nosotros de no ser por la valla que lo frenó un instante hasta que basculó hacia el camino. Fue una caída sin estruendo, de árbol con alas, pero que nos dejó mudos y aterrados. Todavía hoy, al recordarlo, siento los dientes de una sierra que me cercena por dentro, que me tronza por la cintura y me poda por las muñecas. Menos mal que estaba allí, a mi lado, la mano firme, salvadora, de Ricardo Tovar.

—¡Vosotros dos, canallas! —gritó Vións—. ¡Escuchadme bien! ¡Nadie, nunca más, volverá a comer mis cerezas! ¡Me cago en la infancia!

Ya pasamos por delante de la Cruz de los Mártires de Carral. La lambretta corre ahora ligera cuesta abajo. Llevo las manos muy calientes en los bolsillos de la zamarra de Ricardo Tovar.

El pasado verano, habíamos ido en moto hasta A Coruña. La gran ciudad. A mí me parecía mucho viaje, pero Ricardo estaba muy animado, con esa energía alegre que lo empuja a los descubrimientos, ampliando cada vez más el radio de las incursiones. Y tira siempre de mí, de paquete de la aventura. Por ahora. Yo soy de los que tienen miedo. Tengo miedo de ir demasiado lejos, y tengo miedo de que Ricardo Tovar, algún día, pise el pedal de arranque, acelere, y me deje en tierra. Aquí. Para siempre. Sin preguntar con su sonrisa farrera: «¿Quieres venir, pasmón?».

—¿A Coruña? ¿Y a qué vais a Coruña, si es que llegáis allí? —preguntó mi madre con inquietud.

—Vamos a la Torre, señora —explicó Ricardo—. ¡El Faro de Hércules, digno de ver!

—Yo nunca lo vi —dijo mi madre, algo apenada.

—La he de llevar un día en la moto. ¡Como una señorita!

Mi madre se rió. Vestida de luto de arriba abajo, de su boca salió un pájaro con pintas rosas y blancas. Ricardo Tovar se ganaba de inmediato la confianza de la gente, sobre todo de las mujeres, siendo como es, echado para delante. Atrevido. Bromista. En el fondo, todo el mundo quiere reír, pero aquí pasan los días y el luto se contagia. Mandan los muertos. Y los enterradores.

Y ya cuando salimos de la aldea, Ricardo Tovar hizo relinchar el motor en la primera recta, luego desaceleró un poco, volvió la cabeza para mirar por encima del hombro y gritó: «¡Vamos a pintar la caña de verde! ¡Iuuuuhuhu!».

Parecía que nunca íbamos a llegar, pero todo cambió con el aroma del mar. El pesado viaje se hizo corto. El tiempo sólo miraba hacia delante. La propia moto cobró nuevas fuerzas cuando comenzó a respirar el paisaje en salazón de la ría del Burgo. Y era cierto que la brisa marina te iba poseyendo como una pócima. De repente, y fue algo así como una ilusión, vi a mi madre con un traje de lunares mirando hechizada el cartel de una película, *Camarote de lujo* creo que era, en la fachada de un cine. La moto siguió su camino. Un guardia municipal dirigía el tráfico y nos dio el alto. Juraría que era Vións, por fin uniformado. Ahora no nos dejará pasar, pensé. Nos va a hacer vomitar los huesos de las cerezas uno por uno. Pero el policía bajó el brazo y silbó con indiferencia. En la Dársena, los barcos pesqueros tenían los colores con los que yo pintaría mi aldea parda, si me dejasen. Al aparcar, que fue por allí, se me ocurrió pensar que había algo de barca en la moto de Ricardo, que quizás había sido lancha en otro tiempo y que se transformó, como hacen algunos bichos, para poder navegar por tierra.

—¿Qué te pasa? ¿Estás mareado?

El viaje me había cambiado la cabeza. La manera de ver. De andar. De hablar. Pero Ricardo

Tovar seguía siendo el mismo. Un tipo resuelto que no se amilanaba ante nada. Como si no llevase tierra mansa en la suela de los zapatos.

—¿Dónde está la Torre?

—¡Olvídate de la Torre, que nadie se la lleva!

—Entonces, ¿adónde vamos?

—¡Vamos a la perdición, compañero!

El sitio de la perdición era un callejón llamado calle de la Florida, al que se entraba por una escalinata desde la plaza de María Pita. Había mujeres a la puerta de cada bajo, con faldas entubadas, muy ceñidas, y tacones altos. Señalo eso en primer lugar porque yo llevaba la vista baja. Había oído hablar de putas, de golfas, de pendangas, de furcias, de zorras, de rameras. O también, más veladamente, de mujeres de la vida o echadas a perder. Casi siempre con desdén y asco, mezclado, en el caso de los hombres, con el brillo de un vino turbio en los ojos. Lo que más me confundía era lo de «mujeres alegres», esa consideración de la alegría como un pecado. El cura había hablado en algún sermón dominical de Sodoma y Gomorra, ciudades destruidas por Dios con una lluvia de azufre y fuego en castigo por tanto vicio como allí había. «Y es que el Señor tuvo que tomar medidas, claro, porque la cosa ya estaba pasando *de castaño a oscuro.*» Aunque la gente le adulaba como estaba mandado, a don Manuel, el párroco, no se le daba mucho mérito como predicador, sobre todo desde que se le había ocurrido comparar el misterio de la Santísima Trinidad con la planta del nabo. Nabo, nabiza y grelo. Tres personas distintas y un solo Dios verdadero. Explicó que San Patricio había convertido a los irlandeses con el ejemplo del trébol. Pero, como dijo en confianza mi tía Coronación, una cosa es el trébol y otra, el nabo.

—¡Viene aquí a adoctrinarnos como si fuésemos negritos del Congo! A nosotros, que ya éramos cristianos antes de Cristo. Lo que tiene este cura es gula. ¡Aun haría un caldo de pichón con el Espíritu Santo, Dios me perdone!

La gente consideraba que don Manuel, en el fondo, menospreciaba su inteligencia y que rebajaba a propósito la calidad del sermón. Así que el público le correspondía con una impaciencia inmóvil cuando se demoraba en la prédica. Pero yo notaba que se retomaba la atención cuando hablaba de esos casos escandalosos como los de Sodoma y Gomorra. Estaba claro que lo que allí había era mucho vicio. El primer significado de vicio, en nuestra tierra, es el no trabajar o no amar al trabajo como a ti mismo. Estaba claro que los de Sodoma y Gomorra no tenían callos, al menos en las manos. No daban un palo al agua. Pero debía haber mucho más, otras razones, para que Dios los bombardease hasta borrarlos del mapa. En este particular, se esperaba un detallado relato acusatorio que nunca llegó. En palabras de don Manuel, «los de Sodoma pensaban que todo era Jauja, pero, claro, luego les salió el tiro por la horma del zapato». El desenlace era bastante confuso. Dos ángeles se habían presentado en la casa de Lot. Los de Sodoma querían ver aquella novedad. «Ver... ¡y tocar!», especificaba don Manuel. Lot se negó, pero ¡le ofrecía sus dos hijas vírgenes a cambio! Al fin, avisados por los ángeles, y con la advertencia de no mirar hacia atrás, Lot y sus familiares huían, mientras la ciudad era destruida. Pero la mujer de Lot no obedeció. Volvió la vista hacia el lugar de la tragedia y, al instante, quedó convertida en estatua de sal. «La perdió esa curiosidad tan femenina», resolvía don Manuel. La imagen de la estatua de sal hacía olvidar todo lo anterior. El merecido castigo por la desobediencia a Dios cerraba el caso. Pero, aun así, desde aquellos días de la infancia, me quedó en el magín una pregunta que me acompaña hasta hoy.

¿Por qué miró hacia atrás la mujer de Lot, qué dejaba en Sodoma?

O, de otro modo: ¿Por qué Dios no permitió que mirase hacia atrás?

Por la calle de la Florida, yo trataba de mirar únicamente de frente y no atender los reclamos, los bisbiseos, los susurros, los gestos de ven-ven de la perdición. Porque yo, que había oído hablar de ella, nunca la había visto. Todavía era bien de día, pero la calle estrecha y ensombrecida olía a noche de verano, a lecho de río seco. Las mujeres traspasaban las puertas con cortina de cuentas y, desde el fondo de los locales, rojas lámparas estiraban la luz hasta verterla con un ardor de ida y vuelta. Quería estar y no estar allí. Ser aguerrido como Tovar, pispar sin miedo, y tener en la lengua su presteza de juglar, pero me asqueaba formar parte de un rebaño de apariencia mansa, con olfato de lobo en la penumbra.

—¿Y no sería mejor ir a picar algo? —sugerí, acobardado.

—¡En eso estamos, compañero! —respondió Tovar, dándome un codazo.

Como si hubiese escuchado, bajo la gran pamela de un rótulo en que se leía *Venus,* una madama nos fotografió con un guiño de ojos y nos capturó con un lazo de humo, lanzado lentamente por un cráter carmín.

—¿Buscáis caramelos, criaturas?

—¡De leche y miel! —soltó Tovar al vuelo.

—Aquí dentro los hay de todos los sabores. ¡Hasta de café!

Nos miró de arriba abajo. Lanzó otro aro de humo. Un diente hacía juego con la boquilla dorada. A pesar del maquillaje carnavalesco, había en ella un poso atractivo, el que sugería la dura talla de sus arrugas.

—¿Tenéis con qué?

—¡Somos soñadores! —exclamó Tovar.

—¡Pues a mirar escaparates en la calle Real!

—¡Somos capitalistas, señora!

—¿De qué banco?

—¡Del de América, of course!

—Venga, pasad. ¡El pico lo tienes de oro, cantante!

Ya dentro del local, mientras nuestros ojos se acostumbraban a las tinieblas de la profana sacristía, por fin ella se fijó en mí.

—¿No seréis menores?

—Yo ya libré de la mili, señora —atajó Tovar.

—¡Por cara bonita!

—Afirmativo. Y él por mudo.

La madama me rozó el paquete con el revés de la mano. La rúbrica obscena, resabiada, de las largas uñas.

—¡Ya verás como canta cuando eche fuera el meigallo! Pero antes tengo que verle la cara a Franco.

Tovar abrió la cartera con esa seguridad que aporta el ir por la vida con dinero en efectivo.

—¿Nos hará una rebaja? Para éste es la primera comunión.

—Ésta es una casa seria. Dos y dos son cuatro, más la voluntad. ¡Dalía!

Estaba de espaldas, apoyada en la barra, y cuando se volvió hacia nosotros, enrojecida por la tinta de una de las lámparas, parecía que había estado llorando. La larga melena lisa y negra caía como un chal sobre los hombros y los brazos desnudos. El cuerpo robusto, las poderosas manos, con la muñeca metálica, de anchos brazaletes, y los muchos anillos engarzando los dedos, desmentían la fragilidad del rostro, que acabó por salir de las brumas con una sonrisa cortante. Deshabitada.

—¡Desteta a estas dos criaturas, Dalía!

—¡No tenga celos, señora! —apuntó Tovar.

—Éste es un tunante. ¡Que no te entretenga!

No sé dónde lo había aprendido, pero Ricardo Tovar tenía el arte de seducir a todo el mundo. Incluso algo pasó en aquel cuarto sórdido entre él y la joven del largo pelo de chal. Cuando me tocó el turno, ella aún se reía, pero no con el gesto mímico de antes, sino con una proporción que la hacía real. Eso me entristeció todavía más, porque sabía lo poco que yo podía dar en la inevitable comparación con Tovar.

—Si te casas, te van a poner los cuernos de una vaca rubia —me dijo primero, cuando notó que mi cuerpo se desarmaba nada más abrazarlo.

Le salió como un refrán. Porque después, sentados en la cama, recogió hacia atrás el velo negro de su pelo, posó la mano de los anillos en mi rodilla, y dijo con suavidad: «Eso te pasa porque tienes un amor escondido. El amor es muy malo para follar». Luego comenzó a saltar sobre la cama y el somier gemía y la luz tibia y hambrienta de la lámpara de la mesita proyectaba en el techo las alas de sus brazos en la marejada del pelo.

Bajó. Me miró fijamente y sonrió mientras nos vestíamos.

—Tu amigo va a creer que fuiste una fiera en la cama.

—Gracias.

Ya vestida, me dio un pellizco en la mejilla.

—Pero recuerda esto, gordito. ¡No pienses tanto! O te saldrán los cuernos de la vaca rubia.

Fuera ya, en la calle, Ricardo Tovar estiró los brazos al cielo y luego me dio unas palmadas de colega en la espalda.

—¡Tremendo, Tomé, tremendo! ¿A que valió la pena?

—Sí. Estuvo bien.

Se echó a correr riendo: «¡Venga! ¡Vamos a ver de una puta vez la Torre de Hércules!».

Iba medio sonado, con la cabeza apoyada en la espalda de Tovar, y me despertó el recuerdo de aquel pellizco desflorador de Dalía. Habíamos llegado, por fin, al baile de San Pedro de Nós. ¡El Seijal! El salón más célebre en el mundo conocido. Ricardo Tovar aparcó y calzó la flamante lambretta. Había alguna que otra Gucci, y una manada escuálida de bicicletas.

Ricardo Tovar alisó y abrillantó con las manos el cabello engominado.

—¡Ésta es la nuestra, Tomé!

Sentí el cuerpo entumecido, pero él parecía animoso y fresco como si viniese de un baño en el mar. Me dio uno de sus toques en el brazo. Del tranvía, que tenía allí su rotonda, bajó un lindo ramo de chicas.

—¡Fíjate, compañero! ¡La flor y nata de las mucamas!

Yo no sabría distinguir si eran mucamas o no, pero lo que era cierto es que nunca había visto un baile tan concurrido como aquél. Tocaba, en impecable traje con solapas de terciopelo, la deslumbrante orquesta Los Satélites.

El salón era como un gigantesca y cálida burbuja en medio del invierno. Nos metimos de cabeza entre la alegre multitud danzante, él siempre abriendo camino, de proa de arado. Pisé a alguien sin querer. Bajé la mirada y vi los zapatos blancos con hebilla rosa. Pedí el perdón de rutina, procurando avanzar para no encontrarme con el rostro de la víctima, seguramente incomodada. Pero lo que vi de medio lado fue un resplandor. La pícara representación de la alegría. Esa talla que uno echa de menos en las iglesias. El pelo muy corto, como una capucha de azabache, realzaba la cara más bien redonda, donde reinaban unos ojos con vida propia, redomas que bien podían ser el principio y el fin de todas las cosas.

Y cuando deshojaba el sí o el no de hablarle y pedirle un baile, porque estaba extrañamente sola, sin pareja, se interpuso la arrebatadora presencia de Ricardo Tovar.

—¿Bailas, princesa?

Bailó, claro. Cómo no. Los zapatos blancos con hebilla rosa y los negros de punta fina abrieron el círculo de un reloj sin horas que ya no se borraría hasta la marcha del último tranvía de la noche, en el que ella se iría para cerrar en su pequeño cuarto de criada las dos redomas llenas de estrellas. Pero todavía no he contado lo que hice yo.

Lo que yo hice fue beber y beber y observarlos desde la barra de la cantina. Sin rencor ninguno. Porque era así como tenían que ser las cosas. Porque ella era linda y reluciente, y Tovar... Pues, Tovar era Tovar. Si algo comprendía yo muy bien era la cara chispeante de la chica, sus risas, el deseo de que no se rompiese nunca aquel círculo que dibujaban los zapatos blancos de hebilla rosa y los negros de punta fina.

Pedí otra copa de coñac 103 y me di cuenta de que ya leía en la etiqueta coñac 113. Los Satélites tocaban de nuevo *El reloj*. Mi pareja preferida bailaba el bolero muy arrimada. Como si estuviesen solos en el atestado salón. O pudiera ser que yo sólo los veía a ellos. Decidí salir a despejarme. A la intemperie.

Había dos tipos alrededor de la lambretta. La miraban y remiraban. Uno de ellos se subió e imitó el ruido del motor con la voz. Quizás sólo estaban jugando. Les grité y el tipo se bajó. Al verme solo, le dio un empujón y la hizo caer. Luego, los dos vinieron hacia mí. Despacio. No parecía que buscaran camorra.

—¡Tranquilo, hombre! ¿Es tuya esa chulada de moto?

Les dije la verdad. La moto era de un amigo.

—¿Y tú de dónde eres? —me preguntó el otro.

—De Cousadelo —le dije, por no aclararle más.

¿De Cousadelo? Parecía estar consultando un mapa en la cabeza. Fui poco avispado. No medí las distancias.

—¿Y hay motos en la montaña, paleto? Yo creía que arrastrabais el culo por los tojos.

Fue en la sorpresa, mientras yo pensaba en los tojos que justo florecen en invierno, cuando me vino el cabezazo que me partió la nariz. Me levanté del suelo. El cielo estrellado se balanceaba al son de un dolorido reloj.

Reloj no marques las horas
porque voy a enloquecer;
ella se irá para siempre
cuando amanezca otra vez.

Las manos, el traje nuevo. Todo. Todo teñido de sangre. Sangre también en los labios, su sabor a sopa de caballo, a vino caliente con azúcar y pan. El almuerzo del abuelo: «Da fuerzas para hozar en el monte». Me eché hacia ellos como un garañón acosado, peleando con las cuatro manos. Iba ciego, borracho, con mi sangre. No era suficiente con hacerles huir. Quería machacarlos en mazo de batán. Oírlos aullar de dolor. Llorar. De rodillas. Llorar de pánico. Uno de ellos consiguió escabullirse, trastabillando. El otro quedó allí. Como yo quería verlo. De rodillas. Lo tenía sujeto por la cresta.

—Ahora quiero que grites: ¡Soy una mierda!
—¡Soy una mierda!
—¡Y un montón de estiércol!
—¡Un montón de estiércol!

—Muy bien, ahora...

Echó un gorgojo de sangre por la boca. Lo dejé caer.

Los Satélites tocaban ahora *Piel canela*. Coloqué la lambretta en su sitio y limpié con la manga de la chaqueta las manchas de tierra en la chapa. Me puse a andar hacia el puente de O Burgo. Me lavé en agua de mar y me tumbé un rato boca arriba, con el pañuelo frenando la hemorragia. Luego seguí el camino de retorno a casa. A paso ligero. Me sentía con mucha fuerza, con una lucidez fría y brillante, de espejo en el que veía mi propio rostro, como un efecto extraño en la mezcla de licor y sangre.

Subiendo la cuesta de A Rocha, oí el rugido familiar de la moto. En aquel tiempo, distinguías muy bien. Había muy pocos motores que escuchar. Se detuvo y me subí. Sólo se veía nuestro aliento humeante en la helada y el agujero de luz que abría el faro de la moto en la noche.

—¿Por qué no me esperaste? —preguntó, antes de arrancar.

—Me aburría —le dije.

—Al salir del baile, había un tipo medio muerto en el suelo, justo al lado de la lambretta. ¡Joder, qué susto me llevé!

Y añadió, como quien piensa en voz alta: «No sé si no estaría más que medio muerto».

Aceleró. La moto lanzó un relincho y pegó un pequeño brinco en el aire.

Teníamos un largo camino por delante. Se me había pasado la euforia. Sentí que el cuerpo se aflojaba. Metí las manos en los bolsillos de la zamarra de Ricardo Tovar y apoyé la cabeza en su ancha espalda.

La mirona

La primera vez que vio hacer el amor fue en esta playa.

La primera vez no fue a propósito. Era sólo una niña que cogía moras en las zarzas acodadas en el sotavento de los muros de piedra que protegían los pastos del ganado y la primera trinchera de los cultivos. La adusta vanguardia de las coles con su verde cetrino. Espetaba las moras en la dureza de una paja seca como cuentas de un rosario tensado o bolas de una de las varillas de alambre del ábaco de aprender a contar.

La primera vez fue sin querer. Ella iba de retirada, hacia la aldea, y atajó por las dunas. Fue entonces cuando vio a la pareja, una pareja solitaria y medio desnuda en el inmenso lecho del arenal. Y se agachó. El mar le había devuelto la visión con una brisa colorada, de vergüenza y de miedo. Pero se quedó quieta. Comió con ansia una ristra de moras salvajes y volvió a mirar, mientras se lamía con la lengua el bozo tinto que pintaron los frutos.

El mar fue siempre una inmensa pantalla hacia la que se orientaba el mundo del valle, posado con esmero, como un cojín de funda bordada y con pompones, en la silla de alto respaldo de los montes rocosos. Todo, pues, en el valle miraba hacia el mar, desde los santos de piedra de la fachada de la iglesia, con su pana de musgo, hasta los espantapájaros de las tierras de cultivo, vestidos siempre a la moda. Ella los recordaba con sombrero de paja y chaquetas de remiendos, pero, en la última imagen, los espantapájaros gastaban visera puesta del revés y cubrían la cruz del esqueleto con sacos de plástico refulgente de los abonos químicos. Lo que no había en el valle eran pescadores. Nadie traspasaba esa pantalla de mar y cielo, tan abierta, con vertiginosas y espectaculares secuencias, y amenazadora como una ficción verdadera.

La primera vez que vio una película en el salón, que era también el de bailar, pensó que Moby Dick estaba allí de verdad, en el cuadro en movimiento de su mar. Y no andaba descaminada, porque pocos días después el mar vomitó una enorme ballena que quedó varada y agonizante en la playa. Y vino en peregrinaje gente de todos los alrededores con carros tirados por vacas donde cargaban las chuletas gigantes de Moby Dick. Un hormiguero humano, azuzado por las quejas y blasfemias de las aves, celosas de los despojos, fue despedazando el cetáceo hasta dejar en el arenal un oscuro, pringoso y maloliente vacío. El corazón ocupaba el remolque de un carro. Llevó detrás una comitiva fúnebre de rapiñas y perros cojos. El eje, al gemir, pingaba tinta roja.

El mar vomitaba a veces el atrezo de las películas. Cuando era muy pequeña, su padre trajo un gran cesto rebosante de mandarinas. Contó que todo el arenal había amanecido en alfombra anaranjada. Cuando ya era chica, el mar echó en un eructo paquetes de tabaco rubio y botes de leche condensada. Y otro invierno, al poco de casarse, botellas de champán francés y un ajuar de vajilla con cucharas de plata. Casi todos los años el mar daba una de esas sorpresas. La última vez, y fue el año pasado, el mar ofreció un cargamento de televisores y vídeos. Algunos parecían en buen estado. Hicieron una prueba en el único bar de la aldea. Ella esperaba ver islas de coral y peces de colores, pero en la película salió Bruce Lee, dio unos golpes con el filo de la mano, y se cortó la imagen.

El hombre del proyector de cine, que tenía una camioneta de chapa roja y morro muy alargado, era el hombre más feo del mundo.

Un día, en el salón, esta vez preparado para el baile, la niña, sentada en la escalera y con la cabeza engarzada en los barrotes de la balaustrada, vio bailar al hombre más feo del mundo con la mujer más hermosa del mundo. La nariz del hombre feo hacía juego con el morro de la camioneta. Era tan larga y afilada que tenía una sombra propia, independiente, que picoteaba entre las hojas de los acantos del papel pintado de las paredes. Entre pieza y pieza, cuando la pareja se paraba y se acariciaba con los ojos, la sombra de la nariz picoteaba las moscas del salón, de vuelo lento y trastornado.

Eran los dos, el hombre más feo y la mujer más linda del mundo, los que estaban haciendo el amor en la playa, protegidos por el lomo de una duna. Aquella primera vez, la niña, ya adolescente, vio todo lo que había que ver. De cerca. Sin ellos saberlo, hicieron el amor para ella en la pantalla del mar. Arrodillada tras la duna, compartía la más hermosa suite. El inmenso lecho en media

luna, la franela de la finísima arena, la gran clara-
boya de la buhardilla del cielo, de la que apartan
casi siempre las caravanas del oeste con sus pacas
de borra y nube, lo que hace que el valle sea un pa-
raíso en la dura y sombría comarca.

Se abrazaron, se dejaron caer, rodaron, se
hacían y deshacían nudos con brazos y piernas, con
la boca, con los dientes, con los cabellos. El altavoz del mar devolvía a los oídos de la mirona la
violencia feliz de sus jadeos. Así, más, más, más.
Llegó un momento en que temió que los latidos
de su corazón se escuchasen por encima del com-
pás de las olas. Fue la mujer la que venció. De rodillas, como ella estaba, ciñéndose al hombre con
la horquilla de los muslos, alzó la cara hacia el sol
hasta que le cerró los ojos, ladeó las crines en la cas-
cada de luz, y los blancos senos aboyaron por fuera
del sostén de lencería negra.

A ella le pareció que se había acortado la
nariz del hombre más feo del mundo. Su sombra
debía de andar entre los zarapitos, picoteando en
el bordón que tejía la resaca de las olas.

Era una playa muy grande, de aguas bravas
y olas de alta cresta que a veces combatían entre
sí, como los clanes de un antiguo reino. Siempre
fría, con la espuma tersa como carámbanos fuga-
ces, y con la arena tan fina que cuando se retiraba
el rollo de la marea dejaba un brillo de lago helado.
Cuando envejeció, a ella le gustaba caminar hen-
diendo con los pies ese espejo húmedo y pasajero
porque se decía que era muy bueno para las varices. Alguna vez, en el verano, siempre vestida y con
una pañoleta sobre la cara, dormía la siesta sobre la
manta cálida de la arena seca.

—¿Por qué siempre andas husmeando por la playa? —le riñó la hija.

—No ando husmeando —se defendió ella, aunque la verdad le enrojeció las mejillas—. ¡Es por las varices!

Aparte de esa costumbre de caminar en la orilla, nunca, nunca, se había bañado en esta playa. Nadie de la vecindad se bañaba en esa playa de aguas majaras hasta que llegaron los extranjeros. Venían del norte, con la casa a cuestas, en caravanas de lánguido rodar o en furgonetas estampadas de soles y flores, y acampaban al lado de la franja de dunas, esa tierra de nadie, frontera que amansaba los vientos entre la playa y el fértil valle. Más tarde, llegó la moda de los todoterrenos, que atravesaban las pistas levantando polvo, con la diligente indiferencia de los que corren un rally en el Sáhara.

No había ninguna relación entre los campesinos y los bañistas. Desde la posición de los labradores, y a partir del mediodía, los bañistas se desplazaban a contraluz. Eran, al fin y al cabo, extraterrestres. La época del año en que llegaban y brincaban desnudos, con las vergüenzas al aire, o enfundados en trajes de goma para cabalgar con tablas las olas, era también la época del trabajo más esclavo, cuando había que recoger las patatas y las cebollas, sachar los maizales, y segar y ensilar el heno. Las gotas de sudor asomaban como ojos de manantial y trazaban riachuelos en el tizne de tierra de sus brazos. A veces, el sudor bajaba de la frente por el canalón de los ojos. Ella levantaba la cabeza para enjugarlo con el dorso de la mano. La prisionera de la tierra contemplaba la playa entre las rejas verdes del maíz.

Cuando los demás se recogían en casa, ella todavía se marchaba hacia las dunas con la excusa de refrescar cerca de las olas. Pero siempre se escondía en su puesto de centinela, a la espera de que el mar le ofreciese una película de amor.

Su marido no era el hombre más feo del mundo. Ella tampoco era la más hermosa. La noche de bodas, a oscuras, no había sentido placer. Más bien al contrario. Pero después ella soñó que rodaban abrazados por la playa y despertó con un sabor salado en el paladar. Con ganas de volver a hacerlo. Le sucedía con frecuencia y su marido se iba cansado y feliz al trabajo. Se lo llevó una enfermedad traidora y tuvo un mal morir, insomne en las noches, porque no quería irse hasta después del amanecer.

Cuando su marido vivía, y la abrazaba en la cama, ella cerraba los ojos y follaba con un bañista de rostro cambiante y melenas rubias y húmedas, jaspeadas de algas. Después de su fallecimiento, cuando espiaba parejas desde el escondite de la duna, le parecía ver en la convulsión del cuerpo macho el perfil de su marido, trabajando el amor bien trabajado, en progresión de polca.

La última vez que acudió al puesto de centinela fue hace algunos años, un día de setiembre, ya bien entrado el mes. El verano tarda en llegar al valle, pero a veces regala, como un juerguista melancólico, un largo bis. En estas ocasiones, el crepúsculo dura lo que la sesión de cine y se pone en tecnicolor. Lo que ella vio fue también una escena de amor que le pareció interminable. Al fin, los dos amantes se levantaron y corrieron, riendo, hacia el mar. Se dio cuenta entonces de que eran su nieta y el novio. Pero no lo quiso creer. Ni lo cree. Los campesinos no se bañarían nunca en aquella playa tan peligrosa.

El héroe

Que me llamen Caronte fue cosa de él. De Lanzarote.

Cuando aquella redada de la Brigada Político-Social, que mandaba un tal Piñeiro, y lo recuerdo bien porque ése es también mi apellido, los periódicos publicaron una nota policial con nuestras identidades, las verdaderas y las falsas. Allí aparecía yo, como un bandido, con barba de pincho de tres días y una orla como de esquela alrededor de los ojos. Feo como nunca, como Robinson, después de la paliza que me dieron, que de las piñas no me salvó ni la condición de Piñeiro. Y al pie de la foto, el apodo. Arturo Piñeiro, alias *Caronte*. Se me quedó para siempre. Hay muchas maneras de hacerse famoso, y a mí me hicieron así, poniéndome cara de criminal por luchar contra el tirano. Todo el mundo, incluso en la familia, me llama Caronte. Ahora ya sabe de dónde salió el nombre del bar. De este bar. El bar Caronte. Aquí viene la gente a tomar la última. La última de verdad. La definitiva. Mi especialidad es el *tumbadiós*. Hay otro bar aquí cerca que se llama La Penúltima. Pero créame, no hay mejor clientela que la que viene a tomar la última. Gente pagadora, tranquila, de regreso de todas las mareas, que ya soltó el veneno de alacrán que todos llevamos dentro. Gente con una historia que contar o que callar.

Yo tenía pensado el sobrenombre de Robinson, por el actor, no por el náufrago. Edward G. Robinson, ¡qué monstruo! ¡Cómo zafaba aquel petiso! ¡Era un napoleón de serie negra! Pero Lanzarote ya había escogido por mí sin preguntarme. Me dijo: Tú, Caronte. Y me recitó: *Y tú, Caronte / de ojos de llama, el fúnebre barquero / de las revueltas aguas de Aqueronte.* Lo recuerdo como si fuera hoy. Me quedé apabullado por el peso de los versos. Yo siempre le tuve mucho respeto a la cultura. Y Lanzarote era, con muchas millas por delante, el más culto de todos.

Sí, señor. Lanzarote era muy culto. Muy preparado. Le corría mucho la cabeza. Pasaba las noches insomne, leyendo, se duchaba con agua fría, tarareaba *La Marsellesa* y ya estaba nuevo. Y era de muy buen ver, muy bien plantado. Las cosas como son. Alto, esbelto, con su bigote al estilo Mastroianni. Dormía y comía en mi casa. Decía que mi casa era la más segura. Yo todavía no sé por qué mi casa era más segura que las otras, teniendo como teníamos la impresora en el bajo, donde hacíamos los panfletos y la hoja clandestina *A Faísca*[*]. Pero yo siempre confié en él. Además de ser inteligente, tenía olfato y templanza. Era un hijo del exilio. Había mamado buena leche. Y lo enviaron aquí, de levadura. Mi mujer lo lloró mucho. Le pasaba la plancha todas las noches a su único traje. Era un tipo que se hacía querer, aquel Lanzarote.

Lo que tenía era un pico de oro. Como decía Ramón, el más viejo del comité, «este chaval coge la rosa sin que se mueva el rosal». Lo escu-

_____

[*] «La chispa», en gallego.

chábamos hechizados. Cuando hablaba de forjar la unión entre las fuerzas del trabajo y la cultura, lo hacía de tal forma que nos parecía ver una chimenea de humo perfumado que escribía consignas liberadoras en el cielo. Y otra cosa muy importante entonces. No caía en la desesperación. Muchos de los nuestros, asfixiados, hartos de soportar aquel tiempo de mierda, se hundían en la depresión o se marchaban de emigrantes. ¡Era tan natural sentirse vencido! Yo miraba el calendario y era como mirar el escaparate de una cuchillería, los días encarados, con la punta hacia ti, muy afilados, con su resplandor fugitivo. Los puñales de la Guardia Mora. Porque el peor tiempo para nosotros era el del verano, cuando el dictador, con toda su caterva, venía de vacaciones y tomaba posesión de la ciudad. El calendario se hacía más amenazador que nunca y las soleadas galerías de vidrio, la alegría de los bañistas en la playa, eran para nosotros un decorado inquietante, descorazonador, una contribución involuntaria al Servicio de Propaganda del Régimen. Los *desafectos,* como se llamaba a los opositores o a los sospechosos de serlo, eran detenidos sin causa y pasaban aquellos días a la sombra o desterrados fuera de la ciudad. Nosotros, los que aún no teníamos ficha policial, permanecíamos durmientes, como pájaros silenciosos en una zarza. Seguíamos la rutina del trabajo y sólo nos encontrábamos en grupo en alguna merienda campestre, en el bullicio de una romería. Yo, por entonces, era vendedor de enciclopedias y libros a domicilio. Recuerdo que trabajé muy bien la *Guía Médica del Hogar,* del doctor Vender. Me abrió muchas puertas. Tenía más éxito que el *Nuevo Testamento.*

A propósito de romerías, aquel verano fuimos a los Caneiros de Betanzos. Yo me sentía muy bien río arriba, todos bebiendo y cantando en las barcazas, engalanadas de ramos de laurel y serpentinas y banderitas de colores. Sí, señor. Río arriba. Cómo se alegra el corazón río arriba. Es como ir tirando las costras de la vida, las raspas del mundo por la borda. Sin camisa, medio desnudo, cantaba y bebía. Me salían ramas silvestres por las orejas. Y Lanzarote le dijo a Lucía, a mi mujer: «¡Mira qué feliz! Parece el buen salvaje de Rousseau». Y es que yo soy de mucho pelo en el cuerpo y coco liso. Las cosas como son. ¡Qué bien me vendría una mata del pecho en este descampado de la cabeza! Bien. Anclamos las barcas en una isla de bosque. Al poco de comer, me quedé dormido sobre la hierba como quien queda varado en un sueño. ¡Nunca había dormido tan bien! Estábamos muy lejos. En otro planeta. Y a mí no me importó que Lanzarote y Lucía se fueran a dar una vuelta. O dos.

Todo cambió al regreso, río abajo. Los cantores desafinaban en la noche. Unos jóvenes gritaron: «¡Hombre al agua!». Y lo vi caer como un saco blanco que comienza a rasgarse y chapotear en las foscas aguas. Cuando lo izaron, se escuchó una tremenda maldición entre carcajadas. El vino tinto había callado en las camisas. Yo iba inclinado sobre la quilla, como un mascarón. Pasado el jaleo de los gallitos borrachos, Lucía, con aquella voz hermosísima que tenía, de tiple pulida en la coral Follas Novas, comenzó a cantar *No xardín unha noite sentada*. Por una vez, las oscuras corcheas de una balada centellaban en el agua del río Mandeo como truchas doradas. ¡Lástima que escatimase tanto aquella voz de seda! Yo bien sabía que sólo cantaba cuando, en domingo de fiesta, le hacía las rosetas de nata a un *brazo de gitano* o cuando tenía fiebre de amor. Y fue entonces, poco antes de arribar, cuando se me acercó Lanzarote y me dijo al oído: «Tenemos que hablar esta noche. Solos. Nosotros dos». Yo pensé que el asunto sería Lucía. En otro tiempo, ya lo habría mandado al fondo del río, con una faca en el corazón y una piedra al cuello. Pero yo había cambiado mucho. Aceptaba lo que viniese de la misma forma que la barca se dejaba ir en reflujo. Con tal de que ella cantara, no me importaría nada que volase de capullo en capullo.

No. No se trataba de Lucía. Lanzarote también había tenido un sueño. Un plan extraordinario. Me lo contó de madrugada, solos en la cocina, mientras Lucía dormía. Yo comía hígado de cerdo encebollado con el ansia que dan los celos reprimidos. Él hablaba. Hablaba y hablaba con su pico de oro. Y yo dejé de comer y atendí hechizado como el niño que escucha un cuento que no lo deja dormir. Delante de mí, gracias a su novelar, desfilaban todos los héroes muertos de nuestra historia. Incluso vi rodar por el suelo la notable cabeza del mariscal Pardo de Cela, tumefacta la frente de embestir, hasta ir a parar a la puerta de la catedral de Mondoñedo, donde la pobre boca pregonó: «¡Credo, credo, credo!».

Lanzarote me miró fijamente, con aquellos ojos que cambiaban de color según el acorde de la voz, y dijo con oscuro énfasis:

—¡Necesitamos un héroe, compañero!

Había algo nuevo en su expresión. Algo que yo no había visto antes. Podía ser, a veces, melancólico, pero jamás fúnebre. Su voz sonaba ahora como un cincel grabando epitafios y sus ojos eran dos tizones.

—No entiendo.

—Es muy sencillo. Estamos atascados. No hay salto adelante. No nos engañemos. De mí para ti, compañero, el estiércol que fecunda la Historia es la sangre. ¡Alguien tiene que morir por la causa!

—¿Qué estás diciendo? Rechazamos la violencia hace tiempo. Si yo estoy con vosotros es por eso. Porque quería luchar contra la muerte.

—Escucha bien, Arturo. No se trata de matar. Se trata de lo contrario. De una inmolación. Alguno de nosotros tiene que sacrificarse para que nazca un héroe. Morir para triunfar. ¿Entiendes ahora?

Si alguien tenía madera de héroe era Lanzarote. Él reunía todas las cualidades. Pero no me acababa de convencer la idea. Era más joven que yo. Más listo. Más guapo. Yo era más gordo, pero si nos pusieran en la balanza de la Historia, yo sería la paja y él el grano. Su disposición al sacrificio me parecía un despilfarro. Todavía más. Un acto de soberbia por su parte. Una chulería.

—Es mejor que dejemos este asunto. Cuando descanses, lo verás de otra forma.

—No. Hay que decidirlo ahora —me dijo—. ¡En caliente! Después, sólo le veremos los inconvenientes.

Estaba cansado. El cuerpo tiraba de mí, trataba de remolcarme hacia la cama. Hacia aquella barca de lecho de pluma donde viajaba Lucía. Estaba ya a punto de decirle que hiciese lo que le diera la maldita gana.

—Admiro mucho tu valor, Lanzarote. ¡Me quito el sombrero! Pero te necesitamos vivo.

—¡Por supuesto! —sentenció, creo que con sorna—. El héroe eres tú, Arturo.

—¿Qué dices?

Me señaló con el dedo índice. El dedo apuntador de la madre Historia.

—Tú. Tú serás el héroe, Arturo.

—¡Y un huevo de avión!

Aquello era más de lo que estaba dispuesto a escuchar. No me parecía que él estuviese borracho, ni yo tampoco, pero la conversación era ya la de dos curdas abrazados a la luna.

—¡Anda! Vamos a dormir.

—No, Arturo. No vamos a dormir. ¡Siéntate!

—¡Yo no quiero ser un héroe! ¿Está claro? ¡Conmigo no cuentes! Así que no hay más que hablar.

—Tú eres el único que puede ser un héroe, Arturo. ¡El único!

Su pico de oro me atrapó otra vez cuando ya estaba dándole la espalda. No sé muy bien lo que me pasaba. Por vez primera noté aquel extraño sabor a cecina humana en mi paladar. El de la madera de héroe.

—¿Por qué dices eso?

—Porque es verdad.

—Pero ¿no harías tú mucho mejor héroe? —le dije, reconduciendo el asunto al terreno de la broma—. Joven. Apuesto. Eminencia. Con apellidos ilustres, pero honrados. De linaje sin pulgas. Premiado con la distinción del exilio. ¡Imagina en cambio mi retrato! Yo soy un fallo en la evolución de las especies, Lanzarote.

Se rió con ganas. Quizás, pensé, era todo un vacile, una coña, y yo aquí, tomándomelo en serio, como un estúpido. Adlátere con cuernos. Gilipollas. ¡Me cago en la elocuencia!

—Yo no sirvo —dijo, muy serio de repente.

—¿Por qué? ¡Explícate de una puta vez! ¿Por qué tengo que ser yo el héroe?

—Por dos razones.

—¿La primera?

—No importa el orden. Las dos van unidas.

Ahora sí que intuí que el cabrón de Lanzarote hablaba en serio. Había elucubrado a fondo. Tenía todo muy bien pensado. Seguro.

—Tú fuiste uno de ellos, Arturo. Eso es un detalle muy importante. Le dará mucha más repercusión a tu acto de sacrificio.

Me di cuenta de que ya hablaba, y yo así lo escuchaba, como de un hecho a punto de consumarse. Y tenía mucha razón en lo que decía de mi historial. Yo había sido uno de ellos. Todavía más. Hubo un tiempo en el que yo había estado dispuesto a matar y a morir por el dictador. Cuando cumplía el servicio militar, vinieron a reclutar gente para la Legión. Y allá fui, de voluntario. No me arrepiento. Si no hubiese ido a la Legión, en África, no pensaría lo que ahora pienso. Porque hice la guerra en el Ifni. Una de las guerras más raras de la historia de España. Una guerra que no existió. Murió gente, amigos míos, pero no existió. El año 1957 fue terrible. Sé lo que es ver a un compañero degollado como un cordero en el desierto. Y sé lo que es degollar como un trofeo la cabeza de un enemigo. Allí, en el ventado peñón de Ifach, comencé a entender. Cuando regresé, me encontré con que nadie sabía nada de aquella guerra, que los periódicos y las radios habían ocultado la verdad, y me sentí como un fantasma. Comprendí que eso éramos todos para aquel bicho. Peones de un tablero de ajedrez en una morgue. Equivoqué el destino, pero no me arrepiento de la vivencia de la Legión, de haber tatuado el Sagrado Corazón en la espalda, por si me disparaban por detrás. Ese tatuaje no puedo ni quiero borrarlo.

—La otra razón —continuó Lanzarote— es quizás todavía más importante. ¡Tú eres el único que tiene cojones de verdad!

No encontraba ningún rastro de ironía en sus palabras. Al contrario, murmuró con tristeza: «Yo no soy capaz de hacerlo».

—¿Hacer qué?

—¡Quemarse!

En nuestro argot, quemarse significaba estar detectado por la policía política, invalidado para el trabajo clandestino.

—¿De qué me estás hablando?

—¡De quemarse! ¡Arder! ¡Arder como un mártir en la hoguera!

Tenía llamas en los ojos y me contagió. Vi todo el plan con perfecta claridad, antes de que me lo contase. Y cuando me explicó los detalles, yo decía que sí con la cabeza. Sellamos un pacto de hermanos. Nadie sabría nada hasta el final. Ni siquiera Lucía. Después, él dedicaría todos sus esfuerzos a ensalzar la figura del nuevo héroe.

—¡Te lo juro por la memoria de nuestros muertos! ¡Haré de ti una antorcha en manos del pueblo!

El día señalado era el día grande de las fiestas de la ciudad. Por la noche, después de la cena de gala, el dictador salía al balcón del Palacio Municipal y saludaba al gentío. Ése era el momento. Yo ardería en el medio y medio de la multitud como una tea humana. De rodillas, con los brazos en cruz. Sería un golpe para las conciencias. Dejaría una huella imborrable.

Lanzarote y yo lo preparamos todo. Con una excusa, trasladamos el aparato de propaganda y limpiamos la casa. Convencimos a los compañeros para que se ausentaran de la ciudad por una temporada. Y cuando llegó el día, le dije a Lucía que fuese al cine Hércules con Lanzarote, que ponían una muy buena, *Millonario de ilusiones,* con Edward G. Robinson, por supuesto, y que yo llegaría un poco tarde, quizás la pillaría empezada, porque tenía algo que hacer.

—¿Qué tienes que hacer? —preguntó Lucía intrigada.

—Verme con una antigua novia —le dije, con un guiño de ojo.

Se lo solté así, sin pensar. Después me di cuenta de que le había dejado una pista fácil para cuando ella reconstruyese los momentos que precedieron mi viaje a la posteridad. Los legionarios éramos también conocidos como «los novios de la muerte».

Lanzarote me acompañó un trecho. En la despedida, me sujetó por los hombros, mirándome como un padre a un hijo, el mundo del revés, y me dijo: «Gracias. ¡Ahora ya sé cómo es un héroe!».

Por la noche, envolví con la chaqueta la botella de anís El Mono llena de gasolina y allá me fui, con ella bajo el brazo. Las manos me olían ya a carne socarrada. Era una noche de verano, sin brisa ninguna en la ciudad del viento. Una noche rara en A Coruña. Hacía bochorno y el sudor pegaba la camisa a la piel. Quizás era yo, que sudaba toda la grasa acumulada en los últimos años. Puede parecer extraño, pero me sentía más joven, ligero, libre, a la manera del adolescente que por primera vez sale solo a divertirse en la noche. Echaban fuegos de artificio en la bahía y yo los gocé como si fuesen en mi honra y no en la del tirano. ¡Venga, fogoneros! ¡Arriba España con doscientos truenos de subida! ¡Viva el verde de clorato de borita! Pero cuando estalló en el cielo el último árbol de lucería con sus ramas de colores, todo cambió. Se levantó un aire fresco que arrastró en un soplo el vaho caliente de la noche. Y en las alturas comenzó a relucir otra pirotecnia. Daba la impresión de que los truenos arrastraban cadenas y griñones por los tejados de la Ciudad Vieja. Yo sentía frío, pero no podía ponerme la chaqueta. Fui hacia los soportales de la plaza de María Pita, como mucha otra gente. Desde abajo, contemplábamos los racimos de luces y el teatro de las sombras pamplineras en las vidrieras del Palacio. Por un instante creí distinguir la suya. La Sombra reverenciada. Miré hacia el balcón vacío. Llovía como el primer día del diluvio universal. Llovía hacia abajo y hacia arriba. Las gruesas gotas rebotaban en el pandero de la tierra.

El gentío fue desapareciendo y me quedé solo. Solo mirando el balcón vacío. O casi solo. En las esquinas de la plaza se veían las siluetas de los esbirros. Policías de la secreta disfrazados de policías de la secreta. Los miré de reojo, tipo Robinson. Me puse la chaqueta. Bebí un pequeño trago de gasolina y fui trastabillando un poco, sin exagerar. El ardor de la boca y de la garganta me congestionó la cara. Debía de tener un aspecto glorioso. En este país siempre se respetó mucho a los borrachos.

Cuando llegué al cine Hércules allí estaba, en la puerta, Lucía. Yo iba todo empapado, como un rodaballo. Me escurría el agua por todos los riachuelos del cuerpo. Ella también estaba mojada. Mojada de tanto llorar.

—¡Se marchó! —me dijo.

—¿Quién? —pregunté por preguntar.

—Lanzarote. ¡Se fue para siempre!

La abracé. La abracé con pasión como si estuviese llorando por mí.

—¿Qué tal con tu antigua novia? —preguntó entre sollozos.

—¿Ésa? Ésa no compareció.

El partido de Reyes

¡Para, Félix! *Son las cinco de la tarde, una hora menos en Canarias.* Eso decían siempre los locutores de Carrusel Deportivo. Y así era Félix, a quien nosotros llamábamos Feliz, porque ceceaba algo y sonreía cuando lo reprendíamos. Una Hora Menos. De chavales, cuando jugábamos una pachanga en el patio de la escuela, no había problema. Lo dejábamos participar y nos divertía su terquedad en perseguir el balón como si éste estuviese imantado y él calzase herraduras, sin importarle que traspasase la red imaginaria de la portería o que la sirena pusiera fin al recreo. Durante un tiempo, él continuaba su atropellada carrera, la cara enrojecida, la respiración entrecortada, y parecía entonces que era el balón quien jugaba contra él, como un burlador, hasta que lo detenía el súbito descubrimiento de la soledad o el redoble de un aviso.

Stop, Félix. ¡A clase!

En verdad, nadie disfrutaba el juego como él. Le iba la vida. Si lo felicitabas por un disparo, ese punterazo al azar que acaba en gol, se abrazaba a ti con un afecto desmedido, abrumador, y te comía a besos, y temías que te lamiese la mejilla con su larga lengua rosada, hasta que lo apartabas y limpiabas el salivado rubor con la manga. A veces, hipnotizado por el rodar del balón, se confundía de equipo, y disputaba la posesión a un compañero. Si le reñías, se quedaba apesadumbrado, y sus ojos rasgados y distantes uno de otro, como los de un batracio, parecían expresar dos desconsuelos a un tiempo.

No quiero ser cínico. De críos, a Félix, o Feliz, le llamábamos como insulto Mongol. A mí me borró esa tendencia mi madre de una bofetada en los morros. Y cuando pasó el disgusto, me contó la historia de aquella criatura que al nacer tenía la piel suave y membranosa de una uva. Fue también entonces la primera vez que oí hablar del síndrome de Down. Tal como yo lo entendí, una cosa era Félix, que era como nosotros, y otra, una especie de duende relojero llamado Down que maquinaba por dentro para cambiarle la hora, distorsionarle el micrófono de la voz y volver áspera y pasa su piel de uva.

En medio de los contratiempos, había algo admirable en el desfase horario de Félix. La misma porfía que ponía en la caza del balón, la empleaba en las tareas escolares. Nuestra caligrafía, por ejemplo, se había ido encogiendo o agrandando, las líneas ascendían o decaían, las letras altas se alzaban más o perdían su altiva cresta, e incluso había quien dejaba la «i» sin su bonito punto, capada, como si la vida empezara a apremiarlos hacia ninguna parte. Él, no. Él perseveraba en un desafío permanente con la perfección, enderechando la escritura por el zócalo de las líneas, inclinándose en las curvas como un ciclista, y ajustando la medida como si a cada letra le correspondiese un crisol natural e invisible.

En pinturas y dibujos, fuese cual fuese el asunto propuesto por el maestro, siempre incorporaba una grúa de la construcción y un tendal. Si era un paisaje marino, él chantaba una grúa entre las olas y donde ataba el tendal, con el otro extremo en tierra, o situaba la grúa en la costa y alargaba el tendal hacia el mástil de un barco o en el pico de un alcatraz, con una ringlera colgante de piezas de ropa que rotulaba fosforescentes en lila o amarillo limón. El maestro le daba vueltas y vueltas a aquella fijación, pero cualquiera de nosotros podía ver su sentido del marketing, la marca inconfundible de Grúas Ferreiro, la empresa del padre, y el magnífico tendal, la espléndida guirnalda, con colchas y alfombras, que su madre instalaba en el balcón. Por lo demás, y durante muchos años, Félix pintaba el mar de color naranja, las nubes intensamente oscuras y ceñudas y un sol verde, grande como una manzana camoesa.

Cuando comenzamos a jugar en serio, con partidos concertados fuera de la escuela, Félix no era convocado, pero él se presentaba siempre, avisado por un sexto sentido, y muy animoso tras la silenciosa cuadrilla. Nos hacía sentir incómodos, pero Valdo Varela, el más decidido, muy capitán, le impartía órdenes sin miramientos.

—Tú, Félix, de recogepelotas. ¡Así empezó Maradona!

Y Félix, o Feliz, correteaba atareado por las bandas, con la larga lengua fuera, pero sin descanso, y brincaba los setos tras los balones perdidos con un entusiasmo profesional. Si vencíamos, Varela sabía tener con él la grandeza de un líder: «¡Lo has hecho muy bien, Dieguito!». Pero si perdíamos, lo dejábamos atrás como una oveja coja.

Nuestros partidos, a la manera de los de los mayores, tenían una segunda parte más secreta. En algún cobertizo, tras la tapia del cementerio o entre las rocas de Beiramar, fumábamos los primeros pitillos. Lo hacíamos con mucho paripé, serios y solemnes, como si cada vaharada fuese una firma de notario que adelantase el futuro. Félix se reía. Le decíamos: «¡Venga una calada, campeón!». Pero él lo rechazaba y nos observaba con esa mirada cáustica de quien está de vuelta de todos los vicios.

—¿No irás por ahí con el cuento?

—Con el cuento, con el cuento —repitió Félix, riendo a su manera.

—Pues entonces —se levantó Varela muy violento con el *chester* en la mano—, ¿por qué no fumas, infeliz del carajo?

Félix miró hacia los demás, buscando un noray, pero el chiste ya estaba en marcha. Cogió el pitillo con la mano temblorosa y se lo llevó a la boca, mordiendo el filtro. Aspiraba y soplaba seguido, sin soltarlo. Estaba atufado, congestionado. El humo le salía por el vidrio roto de los ojos. Hasta que escupió todo, tosiendo, con las manos en el pecho, y Varela le dijo: «¡Muy bien, Maradona, muy bien! Estás hecho un hombre».

Para el día de Reyes, habíamos pactado un partido contra los de las Casas Baratas. El partido del siglo. Una prueba de fuego, aunque el tiempo era de invierno crudo, desterrado el sol desde el San Martín. Los días transcurrían entre diluvios, encogidos como mendigos en una pegajosa anochecida. Nos daba calor el balón. Calentando en los soportales, esperábamos el día con la fe de los cristianos en el calendario, mientras el resto del mundo, pasado el desahogo del Fin de Año, proseguía, sombrío y entumecido, su rutina.

Hasta entonces, la única relación que habíamos tenido con los de las Casas Baratas era el lanzamiento mutuo de pedradas. Una rivalidad tribal, dictada por el suelo, entre *Vikingos,* ellos, instalados en el arrabal, y los *Madamitas,* como ellos nos llamaban a nosotros, a los de siempre, a los de la Plaza. Medirse en el fútbol era distinto. Se trataba del honor, fuese lo que eso fuese. Una histórica contienda que nos tuvo ocupados e inquietos toda la semana.

Y allí estábamos el día de la verdad. Con los pies helados y el corazón brioso. La cita era en el campo de Agra Vella, donde jugaba el glorioso Unión de Beiramar la liga de la Costa. Había llovido por la mañana, y el campo, a la orilla del río, era un archipiélago, con una calva de arenas movedizas delante de cada portería. Pero nadie iba a recular.

—¿Dónde está Varela?

Nos faltaba uno. Nuestro capitán. Lo retendrían en casa, con alguna labor. Estaría en camino. Hicimos tiempo. Varela era el central. No hacía virguerías, pero era un auténtico destructor. Su voz era como una tercera pierna. Gritaba tanto que teledirigía el equipo y acojonaba al rival. Hasta el balón rodaba aturdido cuando iba hacia él y frenaba antes de llegarle al pie. Por enésima vez, oteé encaramado a la valla de madera. El camino, surcado por el agua desbocada, era como un río desmemoriado.

—El Varela no viene —aventuró Zezé.

Los de las Casas Baratas se fueron colocando en perfecta formación. Callados, la mirada dura, casi todos rapados como si los soltasen del Reformatorio, con los brazos tensados, a punto de desenfundar un revólver invisible. De entre ellos, el que tenía la voz cantante era el guardameta. Lo conocía de vista. Coco liso. Le llamaban Tokyo.

—No va a venir. Te lo digo yo. Le tiene miedo a ese bestia.

—¿Miedo Varela?

Zezé era menudo de cuerpo, pero muy bravo. Fibroso, siempre alerta, mitad ratón y mitad gato, trastornaba el área contraria y era capaz de tumbar a un defensa sin tocarlo, sólo con el baile. Nunca buscaba el cuerpo a cuerpo, el enfrentamiento. Tenía esa cualidad de hacerse respetar de abajo arriba.

—El otro día le hizo un corte de mangas desde el bus y ahora se raja. No va a venir. En el fondo, es un cagón.

Como si nos leyese los labios, desde el campo contrario, a la manera de un pastor que ordena el rebaño, nos gritó el coco liso.

—¿Qué? ¿Jugamos o lo dais por perdido?

Tokyo era un tipo imponente. Hacía por dos de nosotros, pero tampoco era el más viejo. Al parecer, de niño se fracturó una pierna saltando el muro de la rectoral para robar fruta y en el hospital habían experimentado con él un nuevo complejo vitamínico. Eso era lo que contaban. Ahora, al verlo enfrente, lamenté no haberme roto yo también una pierna.

—¡Nos falta uno! Podemos jugar otro día.

—¡Yo cuento once! —gritó, sarcástico, el gigantón.

Y fue entonces cuando lo vimos, sonriente en la banda, con su balón de Reyes Magos, de estreno, debajo del brazo, en brillante blanco y negro, como un ajedrez esférico, rotulado rombo a rombo por él mismo. Vestía la flamante camiseta de Grúas Ferreiro, caída como una túnica hasta las rodillas, marcando así una barriga en forma de aguacate.

—¿O es que el mongol no juega?

—¡Se llama Down! —gritó Zezé con coraje.

Los propios compañeros lo miramos muy extrañados.

—Tiene nombre, ¿sabes? ¡Se llama Down!

—¿Quién es? ¿Un fichaje inglés? —ironizó alguien en el otro lado.

—Sí. Es nuevo en el equipo.

Zezé llamó a Félix. Él acudió corriendo, excitado.

—Hoy no vas a recoger pelotas. Vas a jugar de titular.

—Titular.

—Sí, titular. Aquí. Con tu equipo.

Le temblaban las piernas. La mirada desdoblada entre el enemigo y nosotros.

—Te llamas Down —le dijo Zezé con firmeza—. Desde hoy eres Down, nuestro lateral derecho.

—Down. Lateral derecho.

—Eso es. Vas a defender. Tú estate ahí, en esa banda. Que no pase el balón. Chuta hacia delante. Siempre hacia delante. ¿Entendido?

—Siempre adelante.

—Ahora, fíjate bien en lo que te voy a decir, Down. Es muy importante. No dejes sola tu banda. Pegado siempre al delantero. No lo sueltes nunca. No lo dejes respirar. No pases nunca, nunca, más allá del medio campo. ¿Ves esta raya?

Down seguía la marca, casi borrada por el agua. La rotulaba de nuevo con los ojos.

—Pues aquí, en esta raya, paras.

Down se quedó pensativo. Parecía calibrar su crédito, la tremenda responsabilidad de asumir un límite.

—Parar en la raya.

—Muy bien, Down. ¡Vamos a ganar este partido!

No. No íbamos a ganarlo. Sufrimos mucho. Pero tampoco estábamos haciendo el ridículo. Ellos marcaron un gol nada más comenzar. Reaccionamos. El problema era que llegábamos con mucha dificultad a la portería del rival, y cuando lo conseguíamos, el coco liso era, como diría el presidente del Unión, un *muladar* imbatible.

Pero peleamos sin bajar la cerviz. Y entre todos, con la larga lengua fuera, quien más luchó fue Félix, nuestro lateral Down, ceñido al delantero como una sombra. La cara arañada, el labio partido, una costra ocre, de fango y sangre, en las rodillas. No fue esa banda nuestro flanco débil. No. Al revés. Cuando esperábamos el fin del suplicio, Down cortó un pase del contrario y arrancó tras el balón a trompicones, con esa manera atropellada de correr que tenía, desconcertando a los que le salían al paso, avanzando en sorprendentes errores que el balón, como si tuviese vida propia, transformaba en regates.

Y pasó la raya prohibida. Esquivó a tres más, sin mirarlos, con la orientación de un ciego, y se plantó enfrente de Tokyo.

—¡Tira, Down! ¡Tira!

Hizo lo más difícil. Intentó driblar al gigante y, de hecho, lo sentó de culo sin tocarlo, pero Tokyo reptó en el lodazal como un cocodrilo y tra-

bó con las fauces de las manos el pie izquierdo de
Félix. Era un penalti claro, la máxima pena, pero
nadie reclamó. Todos los demás fuimos ralentizan-
do la escena hasta quedar inmóviles y mudos es-
pectadores de aquel duelo. El gigante intentó su-
jetar la pierna de Félix para derribarlo, pero se le
fue escurriendo. A la desesperada, agarró la bota,
y la sacudió en las manos como un pez vivo. Li-
berado del cepo, tambaleándose, Félix avanzó hacia
la meta. Lo veíamos a cámara lenta. En aquel tris in-
concebible, los postes y el larguero de eucalipto, mal
pintados, con la memoria reverdecida de la antigua
piel, formaban un arco del triunfo en el horizonte. Había dejado de llover. De entre las nubes, salió
el efecto especial de un haz de luz que parecía en-
focar al héroe. Había surgido también de improviso la pirotecnia del arco iris y pisábamos en las po-
zas las serpentinas caídas de aquel cielo poco antes
pavoroso.

Creo que los de las Casas Baratas y nosotros comprendimos en ese momento, de alguna manera, lo que el viejo párroco, el iracundo don José,
llamaba el Estremecimiento Divino. Después de la
representación de la Pasión de Cristo en la Semana
Santa, nos interpelaba con el displicente sarcasmo
de quien trata con una tribu de paganos irrecupe-
rables: «¿Habréis sentido al menos el Estremecimiento Divino?».

—Eso sí, don José.

Nos daba mucha risa ver al concejal Bartal
vestido de centurión romano, con la panza de un
buey, las piernas trencas al aire, impartir órdenes
por un megáfono: «¡El buen ladrón que tire ese
puro! ¡En la Santa Cruz no se fuma, hostia! ¡Es un

ultimato! Educación, señores, ¡me cago en el infarto del Sagrado Corazón!».

Félix y el estremecimiento. Los sentimientos tienen días. Oyes hablar de ellos. Están ahí, como una simiente. Hay sentimientos que no nacen nunca, que sólo los conocemos de oídas o los imaginamos. Recuerdo esa escena, por otra parte cómica, como el día en que reconocí la emoción. La sentí de verdad. Una planta que trepaba por los pulmones, por la garganta y hacía cosquillas en los ojos.

Iba a meter un gol, con el monstruo derrumbado a sus espaldas y un aura de luz que se refractaba en la camiseta de Grúas Ferreiro. Lento, lentísimo. El resto, espetados como esfinges de terracota. Pero entonces fue cuando noté una corriente de frío en las turbas del cerebro, que replegó la planta de la emoción. Un presagio. Un fatídico augurio.

No pasar nunca la raya. Nunca.

Y en efecto. Félix se clavó con el balón a un paso de la meta. Miraba ese su balón de estreno, el balón de Reyes, todo sucio, empapado, convertido en un recuerdo de guerra. Iba a llevárselo a las manos. Yo intuía, sabía, que ahora iba a cogerlo con las manos sin rematar la jugada. Los de las Casas Baratas se rieron. El grandullón Tokyo, el guardameta *vikingo,* se irguió de nuevo. La realidad dejó de rodar a cámara lenta.

—¡Tira, Down!

—¡Tira, Félix!

—¡Tira de una puta vez!

Me salió el grito de los adentros, un gallo distorsionado y ronco que nunca antes había oído.

Pero siguió sin moverse, hasta que por fin surgió la voz de Zezé.

—¡Pasa la raya, Félix! ¡Pasa la raya!

Entró, entró. Félix apañó el balón del fondo de la red, lo limpió con las mangas, y volvió cabizbajo, cojeando, con la cara arañada, con su labio partido. Hacia fuera, la larga lengua rosa, como el pico de un cisne. Corrimos hacia él. Lo abrazamos. Esos ojos rasgados y separados. Ese respirar entrecortado. El vapor de su boca en la anochecida. Su barriga de aguacate. Revolcados con él en el suelo. Ese beso de saliva y carmín de sangre.

El escape

He ahí, pensaba, una certeza: La belleza existe. Sentía la emoción de haberla descubierto yo de verdad, a la belleza, como otros descubrieron la electricidad, el teléfono o la radio. Cuando la tenía delante, nada me parecía en el mundo más importante que aquella mujer desnuda. No encontraba acontecimiento comparable a aquella luz carnal. El hombre apesadumbrado, taciturno, pero madrugador, vivía entonces el despertar de una primavera. Una caricia cósmica que me arrancaba de la soledad, de la tristeza y de la neurastenia. Los cabellos de la mujer acostada salían del cuadro y se enrizaban en mis ojos, como gavillas de una hiedra dorada, como candelas que dan vida a una calabaza vaciada.

Hay cuadros que quieres tocar con los dedos y hay cuadros que son ellos los que tocan. Los que titilan como gotas de rocío en las telarañas de tus ojos.

—¿Qué? ¿Se siente mejor ahora? —preguntaba con cierta sorna Silvari, cuando me sorprendía de observador solitario.

Porque yo era una persona infeliz. Me pesaban mis penas como si llevase los bolsillos llenos de monedas fuera de circulación. Eran penas que ya no valían nada, ni siquiera para mí. Habían perdido su frescura amarga, ese sabor a escarolas que

Retrato de Simone Nafleux, Germán Taibo. Palacio Municipal. A Coruña.

tienen las penas cuando todavía alimentan. Por lo demás, se habían convertido en incómodas inquilinas para el cuerpo. En carne de desahucio. Subían reumáticas, de los pies a la cabeza, por una escalera de peldaños desgastados. Penas que se habían vuelto ásperas, que ya no podía compartir con nadie y que también rodaban como vagonetas herrumbrosas cargadas de escoria por una vieja mina. Mal llevaba la digestión, la circulación, la respiración. Y el sueño. Eso era lo que peor llevaba. El mal dormir. Hay gente que dice que duerme con la conciencia tranquila. Y se queda tan ancha. ¡Estúpidos! Sesos fritos en su propia grasa. Una cosa es dormir a pierna suelta y otra que descanse la conciencia. ¿Quién puede dormir hoy con la conciencia tranquila?

Y, no obstante, yo me sentía tranquilo cuando miraba hacia aquella mujer desnuda. Un reposo que reparaba los estragos del insomnio, enmarcados en el uniforme oscuro de ordenanza. Si mi físico estaba tallado a escarpia por las penas, el de ella era el autorretrato de la felicidad uno de los días en que se permitió el capricho de existir, no para humillar a los infelices sino para redimirlos. Porque lo más maravilloso es que no era un cuadro irreal. Sabíamos que esa mujer vivía. Gozaba en el diván de los ojos. Era adorable y pública como el sol. Podías sentir su roce, las cosquillas del aura. Tenía razón Silvari cuando dijo aquello tan preciso y extraño, ¿cómo era?

—¡La mirada táctil, señor Chao!

Exacto. Era ella la que me repintaba, unas pinceladas de ocre sobre el gris, en aquel momento de curación, cada mañana, mientras las máquinas de escribir comenzaban a llenar de ecos el Palacio Municipal con su baile de claqué.

Y claro que existía. Se llamaba Simone Nafleux.

Éramos dos los enamorados. El otro, como ya se han imaginado, era Silvari, el jefe de Protocolo. Nuestros trabajos se desarrollaban en la planta noble, pero eran de naturaleza muy distinta. Yo era un subalterno. Debía estar siempre disponible, reaccionar como un resorte a la llamada de los timbres, pero, mientras no se requiriesen mis servicios, permanecer discreto, quieto y silencioso, como una parte del mobiliario. Silvari era el hombre más visible del ayuntamiento. El maestro de ceremonias. Él no era la autoridad, pero sí era él quien le daba forma, quien, por decirlo así, la ponía en su sitio. Una vez, en una cena de gala, me impresionó mucho ver cómo el rey de España, que había sucedido al dictador, le consultaba a Silvari el lugar en el que tenía que sentarse. He ahí el poder real, pensé. El de Silvari. Pero en otra ocasión, en otro ágape de muy alto copete, moví por casualidad una gran cortina del salón y me lo encontré allí, agachado. Me hizo una señal de chitón y compartí el escondite. «Hay un pique tremendo», cuchicheó. «Todos quieren sentarse al lado del Rey.» En cuestión de pocos minutos, el murmullo de voces dejó paso al alegre tintineo de los cubiertos. «¡Asunto arreglado!», proclamó Silvari. Y salimos con mucha discreción del refugio. Después, me explicó otra variante, que yo no había contemplado, en la teoría del poder: «Cuando hay un conflicto entre ellos, lo mejor es desaparecer. ¡Dejarlos solos! Como en la manada, siempre acaban colocándose en el sitio que les corresponde». Y añadió con un guiño de ojo: «¡Tan importante como el aparecer es el saber desaparecer!».

Tiempo después, cuando lo del homenaje al famoso escritor, me acordé de esa frase de Silvari. El hombre célebre entraba en compañía, entre otros, de un banquero engominado, que en aquel entonces también paladeaba la fama. Pero esta de las caprichosas finanzas no era tan meritoria, o eso pensaba el escritor, como la de la literatura. Sucedió que unos chavales, situados detrás de una de las vallas metálicas que separaba al público, gritaron hacia el cortejo: «¡Un autógrafo! ¡Fírmanos un autógrafo!». Y el célebre escritor, instintivamente, se volvió complacido hacia ellos, dispuesto a estampar su nombre en la libreta que extendían. Fue en ese momento, y los que estábamos cerca lo vivimos como el peor batacazo jamás inferido al parnaso, cuando uno de los pillos gritó: «¡No es por ti, gordo! ¡Es por el gominas!».

A lo que íbamos. Llegué a tener, creo yo, una relación de mucha confianza con el señor Silvari. Una relación de amistad que resultaba extraña en aquel tiempo y en aquel lugar, siendo como era yo de modesta posición y él un personaje tan notorio e influyente. Había otra cosa que nos separaba. Que nos empujaba hacia órbitas bien distintas. La fuerza de la gravedad de la historia. Yo había estado apartado del servicio público por ser sospechoso de desafecto al Movimiento Nacional. La tradición republicana familiar, que llevábamos como un honroso blasón, se tornó en un estigma, en un maleficio que tulló nuestras vidas. Una marca de familia, al nacer, era la peca negra en la espalda. Y fue como si esa peca creciese en mancha por todo el cuerpo hasta señalarnos como proscritos. Lo peor de estas cosas es que se te meten dentro y acabas viéndote a ti mismo como parte de una estirpe rara. La mancha también afecta a los ojos, filtra lo que ves, le da al exterior una tonalidad sepia. Sí, llega un momento en que admites la sucesión de golpes a la manera de un *sparring* en el ring de boxeo. Dices: ¡Te tocó llevarlas, amigo! Y aguantas. Y callas. Cuando obtuve mi reingreso como funcionario, cambió mi situación, fue un respiro económico, pero aquel que yo había sido, el alegre y atrevido, el escritor de apropósitos de carnaval, aquél ya no volvió. El gato se había comido a la golondrina.

Yo sólo revivía cuando iba a visitar a Simone Nafleux.

El jefe de Protocolo era un triunfador. Un hombre del Régimen de Franco, al que había que servir, tal era la fórmula, «con adhesión inquebrantable». En el Palacio Municipal estaba la llamada Sala de los Relojes. Albergaba maquinarias de distintas épocas y la obsesión inútil del conservador era sincronizarlas, tratando como enfermos cardiacos a los relojes atrasados o adelantados. Yo observaba con curiosa admiración su silenciosa labor de despiece y montaje. Tenía manos de cirujano.

—El problema —dijo un día el conservador de relojes, murmurando entre dientes— es el escape.

—¿Qué es el escape?

El conservador me miró con sorpresa. Quizás ni era consciente de que yo continuaba allí, después de acompañarlo por el corredor y abrirle la puerta de la Sala de Relojes. Sentí que mi pregunta era inoportuna, como si un intruso entrase de repente en un quirófano e interpelase al doctor que manejaba el bisturí: «A ver, dígame en treinta segundos, ¿qué es la vida?».

—El escape —dijo de modo nada solemne para semejante revelación— es lo que va entre el tic y el tac.

El jefe de Protocolo, el señor Silvari, estaba siempre a punto. Cumplía su cometido en pompas con eficacia puntual y a la vez con el despliegue campanudo de un carillón. En aquel tiempo, ninguna nube se detenía en su ventana. Era un hombre que coleccionaba chistes de la misma manera que otros, como yo, amontonaban penas. Era capaz de hacer reír a la armadura medieval expuesta en el rellano de la Escalera de Honor.

Dejó a toda la comitiva real estupefacta cuando le contó al monarca, recién coronado y todavía indeciso entre instaurar la democracia o prolongar la dictadura, el chiste del australiano que quería comprar un boomerang nuevo pero no era capaz de deshacerse del viejo.

También a mí me hizo reír después de mucho tiempo. Y creo que yo era un hueso más duro de roer que un monarca o la armadura medieval.

Un hombre entra en su casa y sorprende en la cama a su mujer con un desconocido. «¿Qué horas son estas de llegar?», se adelanta a preguntar la esposa con tono severo. «Pero..., pero ¿qué hace ese hombre en mi cama?», pregunta a su vez el marido. «¡No cambies de conversación!», le riñe la mujer.

Me sorprendí a mí mismo riendo como un bobo. Había perdido la costumbre y me dolían las oxidadas mandíbulas.

—Hay otro de cornudos que no está mal —dijo él, satisfecho de su poder como un mago triunfante delante de un crío taciturno—. Trata de un coronel de Infantería —y me guiñó el ojo, como quien comparte un episodio que se aproxima a la verdad—. Nuestro hombre sospecha que su mujer tiene amores con otro. Entonces, sitúa un centinela de paisano cerca del domicilio. El espía se presenta al poco tiempo en el cuartel confirmando las sospechas: «Mi coronel, le ha sido franqueada la puerta de su casa a un elemento que responde a la descripción». Muy ofendido y enfurecido, el oficial sale en dirección de su casa, escoltado por un grupo de soldados. Era cierto. Su querida y hermosa mujer yace con un tipo bohemio, músico, por más señas. El coronel trata de desenvainar el sable, pero se lo impide el nerviosismo, por más que tira de la empuñadura. Intenta entonces disparar la pistola. También falla. El arma se atasca. El deshonrado, ante tanto infortunio, ya no es capaz de articular palabra. Y es en ese momento cuando se oye la voz, en animoso clarín, del soldado apostado a la puerta: «¡Con los cuernos, mi coronel! ¡Con los cuernos!».

No. No había nubes en su horizonte. Y, no obstante. No obstante, había algo en Silvari que siempre lo distinguió de los cerberos más fanáticos, incluso en sus años de inquebrantable adhesión al franquismo. Algo que se quebraba en él, como un hueso de cuco en el interior de un reloj, cuando hacía aparición la brutalidad. En una ocasión, muy dolido por una orden injusta de la que después hablaré, Silvari venció la natural prudencia y le dijo al teniente de alcalde de quien había partido:

«La bestia que todos llevamos dentro, usted la lleva por fuera».

—¡No me venga con indirectas, Silvari! ¡Y cumpla la orden!

También él fue entonces a visitar a Simone Nafleux.

Cuando llegó, yo ya estaba allí, en el Salón Dorado, con el desnudo, electrizado dentro del oscuro uniforme. Al lado del cuadro, como única información, un pequeño letrero: «Germán Taibo, 1918». Había sido el propio Silvari quien me contó, otro día que compartimos la hechizada contemplación, la historia del desnudo más hermoso de la pintura gallega de todos los tiempos.

Germán Taibo nació en A Coruña en 1889. La familia emigró a Buenos Aires, cuando él tenía dos o tres años de edad. Ya desde muy joven demostró tener un don muy especial para el dibujo y la pintura. Y una dama francesa muy adinerada, convencida de haber descubierto a un genio, le pagó el viaje, la estancia y los estudios de formación en París. Aprovechó muy bien el tiempo. Aprendió de los grandes maestros de la época, y sobre todo conoció a Simone Nafleux. Mientras la pintaba, se enamoró de aquella joven que se ganaba la vida como modelo. Justo después de hacer este desnudo, en 1918, viajaron a A Coruña, huyendo de una terrible epidemia de gripe. Allí se habían vuelto a establecer sus padres. Le dio tiempo a pintar tres paisajes con árboles de su tierra natal, entre ellos, el castañar de Castro de Elviña, del que hoy sólo queda en pie un castaño. Pensando que el mal estaba conjurado, volvieron a París. Germán Taibo se puso a pintar *El leñador y la muerte*. Al terminarlo, falleció.

—¿Por qué está ella aquí? —le había preguntado yo.

—Fue el padre —me explicó Silvari—. El padre del pintor viajó a París y regresó a A Coruña con lo que más había amado su hijo. Con Simone Nafleux.

Recuerdo que en aquel momento había pensado que era un milagro que ella continuara allí. Que sobreviviera a los dictados y censuras. Todavía hacía poco tiempo que la policía había retirado una pequeña reproducción de *La maja desnuda* de Goya de una librería, por considerarla un atentado a la moral. Estaba vigente una circular gubernativa sobre las medidas mínimas del traje de baño en las playas y la obligación de vestir albornoz, y jamás tumbarse, fuera del agua. Y, sin embargo, ella seguía allí, tal vez invisible por su cegadora desnudez.

—¡Vea usted! Hay una orden de retirar el cuadro —dijo en esta ocasión Silvari, entre el pesar y la indignación.

—¿Por qué ahora? —pregunté.

—Porque va a venir de visita el nuevo arzobispo de Santiago.

La miramos con demora. Más que un desnudo era un manantial de luz. Podías sentir el germinar vegetal en la cueva de los ojos.

—¡Entre el tic y el tac! —pensé en voz alta.

Pero Silvari no estaba para melancolías sino furioso.

—¡Vamos a joderlos! ¡Ella no se va de aquí!

El jefe de Protocolo tenía una expresión desconocida para mí. Vi en sus ojos un eléctrico arrebato de rebeldía. Lo que había a mi lado era un hombre valiente que transmitía confianza.

—Si la dejamos ir, quizás no la volveremos a ver nunca.

—¿Y qué podemos hacer nosotros, señor Silvari?

Nos llevó mucho trabajo. Toda aquella tarde, en la víspera de la magna recepción, y con la excusa de ultimar los preparativos, estuvimos en el Palacio Municipal con la única compañía de los operarios. Silvari le había dicho al concejal que guardaríamos provisionalmente el cuadro en un sótano, entre mazos de los viejos boletines de la provincia, mientras no se decidiese el nuevo destino. Pero lo que hicimos fue colocar una fina rejilla de madera que cubrió la pared. Y el cuadro. Después, el señor Silvari llamó a una floristería e hizo un pedido de urgencia. Muchas camelias, todas las camelias blancas y rojas que pudiesen traer. Con ellas recubrimos el enrejado hasta componer una espléndida alfombra natural que ocultaba totalmente a la mujer desnuda.

—¿Y después? ¿Qué pasará después? —pregunté con mi otro ser miedoso.

—¿Después? ¡Después, ya veremos! —respondió Silvari, frotándose las manos y valorando la obra muy satisfecho.

El de la gran recepción fue un día que amaneció gris y se encaminó hacia peor, con una lluvia sucia, como caída de una sentina, que desadornaba la plaza.

—El tiempo no acompaña —comentó el alcalde a Silvari, en la espera del eminente invitado, y a mí me pareció que soltaba un profético aviso.

Cuando por fin llegó la comitiva motorizada, Silvari se apresuró con un paraguas y abrió la puerta del automóvil para que descendiese el arzobispo. Se produjo entonces un extraño incidente. La orquesta municipal, situada en los soportales, que tenía que interpretar, según lo previsto, una pieza de música sacra, se lanzó a tocar un pasodoble. El arzobispo saludó a las autoridades y luego hizo un gesto de brindis con la mano hacia los pocos curiosos que resistían en la inclemencia de la plaza.

—¡Sí, señor, como un torero! —comentó al desconcertado alcalde. Él parecía divertido, pero la primera autoridad municipal echaba fuego por los ojos y yo empecé a notar el inequívoco olor que desprende el churrasco de subalterno.

Después, todo fue bien. Pero cuando el arzobispo, autoridades y las fuerzas vivas locales entraron en el Salón Dorado, mi corazón latía como un reloj enloquecido. Sin escape. En la recepción, mientras se esperaba por el vino de honor, busqué a Silvari con la mirada. Estaba, contra su ser natural, muy serio y pálido, aparentando que escuchaba a un animado interlocutor, pero los ojos oscilaban vigilantes. Supe que esperaba, como yo, la llegada inevitable de la fatalidad. Y ésta se presentó vestida de camarero. Nada más entrar él, el camarero, en la sala, pude ver en su bandeja nuestras dos cabezas. Una corriente de aire cerró de golpe la puerta con tal fuerza que el temblor desmoronó la gran alfombra florida.

Allí estaba, en el centro de la pared, desnuda y espléndida como una diosa de carne y hueso, Simone Nafleux.

Debería decir que se hizo el silencio más absoluto. Pero yo escuchaba, con un estruendo nunca antes oído, todas las maquinarias de la Sala de Relojes.

El arzobispo se volvió hacia la mujer desnuda. Algo de púrpura le pasó a las mejillas. Al parecer, había nacido en la cuna del vino del país, por la ribera del Miño. Sus facciones, todo su cuerpo, eran de una cierta e inconfundible arquitectura campesina, al contrario de la siniestra flaccidez de su sardónico predecesor. Dio unos pasos adelante, como si fuese a certificar la autenticidad de un milagro. Después, se quedó quieto, hechizado. Yo sabía lo que él sentía. La inmensidad de aquel momento. Y entonces se dirigió al alcalde con los brazos abiertos en interrogación.

—Pero ¿por qué tenían tapada esta gracia de Dios?

En versión de Silvari, quizás más sutil, aquel generoso pastor habló de la «sombra de Dios», que, por lo visto, es el verdadero nombre de la luz.

El amor de las sombras

No hay problema. A Dandy también le gusta el bacalao.

La vendedora de *O Rei do Bacallau* se inclinó desde lo alto del mostrador y le hizo al perro unas gracias muy adornadas. Besos de pestañas. Caricias de aire.

—Guapo. ¿Te gusta el bacalao, eh? ¡Goloso!

Pero Dandy es un tipo duro. La miró con indiferencia. Estaba sentado y, finalmente, movió el aspa de la cola con perezosa cortesía, un ángulo de 90 grados en el suelo. Ahora va a decir, pensé, pensó: ¡Animales! Son como personas.

—¡Son como personas!

Con incredulidad, la miró. No soy guapo. Quizás lo fui. Por alegre. Alegre sí que lo era. Sabrosón. Bailaba el fox-trot sobre dos patas con mucha compostura. Digan lo que digan, la vejez es una ruina. Y no me gusta el bacalao, aunque lo prefiero a cualquier otro pescado. Deja en la escudilla una sustancia de cerdo marino. Goloso, sí. Cuanto más viejo, más goloso. Cosas de la cultura, que uno le va cogiendo el gusto. Pero no hay que pregonarlo por ahí, viejo. No me avergüences.

Dandy movió ahora la cola como la aguja de un radar.

—Notan que se habla de ellos.

—Sí que lo notan.

—Y hacen mucha compañía.

—Sí que la hacen.

Hora de marchar, Dandy. Peligro. La conversación puede derivar. Viejo solitario con perro en Nochebuena. Objetivo apetecible para estampa sentimental. Y cuando ya me despedía, la vi a través del vidrio de la puerta. Parecía dudar si entraba o no, la mano en el pomo, pero la cabeza vuelta hacia el escaparate. Si yo tuviese tu cola, Dandy, la movería como un náufrago el brazo. Ella, indecisa. Como siempre.

Hay que apurar el paso, Dandy, porque se va sin entrar. Medirá los pros y los contras. Bacalao, sí, bacalao, no. Las calorías. La sal. Lo venden desalado, nena. Además, te lo prepararía yo. Un milhojas de bacalao al horno. Con lonchas finas de patata cocida. Salsa de cebolla y pimientos verdes. Por encima, una bendición de aceite de oliva virgen. Una pizca de pimienta blanca. Se va.

—¡Lore! ¡Lorena!

Tú no sabes quién es, Dandy. Tantos años. Ella... No me reconoce. Quita las gafas para ver mejor. La culpa es del ruido, que no deja ver. Ese estruendo de altavoces. Campanadas de villancicos tocadas con el alegre martillo de la Crucifixión. Belén, Belén, campanas de Belén. Canciones que empalagan, que empachan las neuronas. Los conspiradores, disfrazados de niños, de ángeles, disparan directo al corazón, Dandy. Impunes, año tras año, pulsan cuanto antes el botón del calendario.

Por fin. Por fin me localiza en algún lugar del archivo sentimental. O quizás, no lo puede creer. Me considera una aparición.

—¡Lorena!

—¡No me lo puedo creer!

El barullo se apaga. Los dos en primer plano. Cerca del estanco que hace esquina. Filmándose con intensa demora. Nada de lágrimas. Si filmas, no llores. Nada de abrazos. Llevan las manos ocupadas, y además... ¡Los extras que no miren a cámara! Sólo la estanquera. Beatriz. Eso es. Sólo una mirada. Ella, sí. Es consciente de la trascendencia histórica del encuentro que se está produciendo a escasos cinco metros de su puesto. Unos segundos de luminosa melancolía. Ella sabe de qué va. Por eso, la expresión se nubla un poco cuando baja la cabeza y observa el pliego de sellos de correos con la figura enmascarada de *El Coyote* que está vendiendo a un cliente. Aquellas cartas. Dios mío. Hace cuarenta años.

—Te escribí muchas cartas.

—Fui un bruto, Lorena. Estaba en otro mundo.

No. No se dijeron nada de eso. Él iba a intentar explicarse. Pero no. Era absurdo. Necesitaría el tiempo de otra vida. Y ella ladeó la cabeza y borró todo con la elegancia de una sonrisa. Todo.

—¿Es tuyo el perro? ¿Cómo se llama?

—Dandy.

—¡Hola, Dandy!

—Parece mentira. No había vuelto por aquí. Por el barrio. Desde que volví de Allá, nunca. Y mira tú. La primera vez, y mira tú, ya ves, me digo: ¡Capicúa! ¡Pero si es Lorena!

Una sonrisa terminante. La de ella. Una declaración vergonzosa, la de él. Para ponerse colorado. Como ante la ley, cualquier cosa que diga puede ir en su contra. Nota en el paladar las espinas de las palabras más neutras: Volver, barrio, allá, aquí, primera vez.

—He venido a comprar bacalao. Vivo en la otra punta. Detrás del Estadio. Dimos un buen paseo, ¿a que sí, Dandy? Es lo bueno que tienen los perros, que te sacan a pasear. Andamos bien de piernas, el Dandy y yo.

El bailarín. Muevo el brazo, ¿recuerdas, Lorena?, en la pista de baile del Liceo de Monelos, abarrotada de parejas, atoldada de palmeras. Canta Manolito, de la Orquesta X. Agito el brazo con el pañuelo blanco en la mano, una bandera de conveniencia, y tú correspondes, saltando, en alto los brazos desnudos, valientes. *Te quiero, palabra de honor, y te digo que es tan cierto, que vivo soñando tu amor, esperando, esperando con los brazos abiertos.* Y yo atravieso el océano, los remolinos que giran y giran, las olas, las mareas, el olor a deseo del sudor salado y de la colonia barata. Rumbo a Lorena. El uno para el otro, toda una vida y corazón loco, en la sombra brisa de las palmeras.

Tengo que irme, dice ahora ella.

Mírame bien y escucha de mis labios cuatro palabras que son mi razón: Ya no te quiero, ya no te quiero.

Él improvisa. Una manera de retenerla, la comunión del recuerdo: «¡Esto cambió mucho!».

—Mucho.

—Es como vivir en el centro. ¡Quién lo iba a decir! Las huertas, la estación del tren, el río. Desapareció todo.

—A veces, con las lluvias, el río se desborda por los sumideros —dijo ella—. Había anguilas, ¿recuerdas? Ahora sólo es una inmundicia. ¡Menos mal que no se le ve!

Acuse de recibo. El rabo tieso de Dandy. Hilo directo con el pensamiento.

—Lo que hay es una buena tienda de bacalao. Ya tenemos solucionada la cena, ¿eh, Dandy? Sí, señor, ¡en Nochebuena, bacalao!

—¿Y él come bacalao?

—¡Le gusta mucho! Un milhojas de bacalao para dos. ¡Mira cómo baila la cola! Más bien para tres. La guitarra también come.

La guitarra. Se le alegró la vista. Esa palabra no tiene espinas.

—Pues yo todavía no sé el qué. Me gusta el bacalao. Fue lo que siempre comimos en Navidad, pero ahora se me hace muy pesado por la noche. Tengo que ver, tengo que ver. Ahora, sí. Me voy. Me alegro de verte. ¡Adiós, Dandy!

Y al marcharse, directamente a los ojos, cerca y lejos, tierna y dura: «Parece muy buen perro, ¿de qué raza es?».

—Es de raza pedigrí.

Conseguí su risa.

La cola de Dandy, din don, conectada a mi pensamiento.

Se va. Ahora, sí. Si tú quisieras, Lorena, cocinaría para tres. Hay bacalao de sobra. Lo que pasó, pasó. Como las huertas fértiles, como el río. Como la pista de baile del Liceo de Monelos, como la Orquesta X, como la sombra musical de las palmeras. Todo derrumbado por la vorágine. Un milhojas de bacalao por todas las cartas sin respuesta, Lorena. No lo creerás, pero mi corazón atravesó mil veces el océano en tu busca. Cuando eso ocurría, no tenía papel a mano.

Ridículo. E infame. Un erizo en la boca. Mejor así, mejor callar.

A la vuelta del paseo, sintió un dolor de cabeza que atribuyó al peso del cielo, enlosado en granito atlántico. Y también a la tortura tronante de los villancicos comerciales. Hacia Belén va una burra. El sentimiento de culpa, como el paso de la terca burra. En la marea de gente, alguien que lo hechiza, que abre un pasillo a contracorriente, una joven con walkman y guitarra en bandolera.

Toda la tarde cavilando, sin querer. La idea que no puede apartar. Qué disparate. Qué locura. Qué cursilada. Qué bochorno. Qué maravillosa idea. *Si regresara el amor, aquel amor verdadero. Si te pudiera querer con mi ilusión tempranera, si yo pudiera volver a mi fugaz primavera.* Sentados, hombre y perro, delante de la televisión. Es curioso cómo distingue Dandy la realidad y la pantalla. Se yergue vigilante, ladra, ante cualquier sonido inusual. Odia los taladros. Los martillos neumáticos. Pero no se inmuta con los disparos en la televisión, con los bólidos que chirrían en el circuito y estallan en llamas, con las muchedumbres que huyen despavoridas, ni, lo que es más increíble, con el rugido de un león en la reserva de Bostwana. Si una paloma se posa en el alféizar de la ventana, allá va Dandy con toda su cólera, rencoroso por la naturaleza incomprensible del vidrio. Pero la visión de *Los pájaros,* aquellas gaviotas fieras y sanguinarias y aquellos cuervos crueles como forajidos, que tanto perturbó al hombre, al perro no le provocó ni un bostezo, ni un ladrido. Los animales desprecian la realidad virtual.

Hoy, a él, al hombre viejo, hundido en el sofá, con un sueño furtivo, mientras Dandy yace a sus pies en la profundidad del propio ovillo, lo inquietan como rachas de viento las frases entrecortadas que le llegan del documental.

El mandril herido por el cocodrilo se interna en los bosques de Bostwana. La hiena manchada toma su misma dirección.

Al levantarse, le duelen los huesos. El calendario tiene los nudillos de un boxeador que golpea la saca del tiempo. El frío blando y pálido del bacalao en el agua. La melancolía eléctrica de la lámpara de la cocina. Abre el frigorífico en busca de las cebollas y los pimientos verdes. Allí está, a punto de caducar, la Idea. Tómala ahora o tírala a la basura.

Y ahí tenemos al hombre, en camino, por las calles desiertas de la Nochebuena, pisando las hojas en rojo couché de los catálogos de Toys 'r' us. El hombre con el perro, husmeador y farandulero, con el regalo de este paseo no programado. El hombre con la guitarra en bandolera. Con una bolsa de operario donde lleva la marmita con el milhojas de bacalao y también una botella de vino de Oporto. En los bares, echan el cierre y algún náufrago en tierra sondea la caridad de la penúltima. La noche va a ser dura, dicen los olmos de Catro Camiños, como si otearan un temporal de motosierras. El hombre agradece la soledad pues peregrina en el tiempo, pero al escuchar el río, el rumor del cauce subterráneo, entubado, siente la zozobra de un desembarco fantasmal. La Idea huye en la luz verde del último taxi y lo deja solo, con Dandy.

Cuando llega a la casa donde vive Lorena, arrecia ya la lluvia. Es el primer piso. Explora con la mirada. En la ventana que da al balcón, parpadean las luces de un árbol de Navidad, pero en el mate del techo rebotan los destellos harapientos del televisor.

La Idea era cantar. Cantarle como antaño. Si regresara el amor, aquel amor verdadero. Desenfunda la guitarra. Tiene las manos entumecidas. El rabo de Dandy se mueve en interrogante. Estamos empapados, compañero. Qué estampa. Mejor será llamar. Sin más. Traigo un milhojas de bacalao, Lorena. Pero el timbre tiene el aspecto inconfundible de los timbres mudos hace tiempo. Y en la puerta no hay aldaba.

Lorena. Más fuerte: ¡Lorena!

Se abre la ventana del balcón de enfrente. Asoma un niño.

—¡Mamá! Ahí abajo hay un señor con una guitarra y un perro.

Ahora viene la madre. Mira con incredulidad. Ese silencio que tanto moja cuando llueve. La mujer llega a una conclusión: inofensivos, empapados.

—¿Necesita algo, señor?

—Venía de visita, al primero. Está cerrado. No oyen al llamar.

—Espere. Voy a abrirle nuestro portal.

Y cuando baja y abre, entonces sí que se apiada.

—¡Por los clavos de Cristo! Están como sopas. ¿Viene a ver a Lorena? La llamaré por teléfono, para que abra.

Implorando con los ojos: «¡Por favor, no haga eso! ¡Ni se le ocurra!».

Extrañeza. Mucha extrañeza.

—¡No llame, por favor! Déjeme esperar aquí a que escampe. Sólo eso.

—¿Escampar? No va a parar en toda la noche. Irá a peor. Suba, ande, suba a secarse un poco.

—No puedo. No puedo dejarlo aquí.

—Pues suba el perro. ¿Muerde?

—No, señora. Ni a los ladrones. Y menos aún, mojado. Mojado no es nadie.

Al entrar, murmuró: «¡Pórtate bien, Dandy!».

El niño los observa, feliz con la novedad, pero manteniendo una distancia. La madre reaparece con las toallas.

—Ésta, que ya está para trapo, puede usarla con el perro. No se quede a la puerta. Pase, pase. ¡Pobre animal! Pasa tú también.

—Dandy. Se llama Dandy.

¿Dandy? A ella se le escapó una risa. Cierto es que Dandy había encogido, había perdido unos centímetros de estatura y de estima con la lluvia. También él. ¿Ves, Lorena? Una de esas ocasiones en que el corazón había atravesado a la otra orilla y lo había dejado al pairo. Se secó la cara y el pelo.

—Debo parecer uno de los del *Titanic*.

Ella volvió a reír. Seguro que le hacía gracia la coquetería de un viejo. Era una mujer muy morena, delgada y resuelta, de ojos grandes y negros, con una punta de brillante grafito que pintaba rápidos bocetos al mirar.

—No puede estar así, aterido, con esa chaqueta mojada. ¡Va a coger una pulmonía!

Pero. Nada de peros. Al rato, ya traía en las manos otra chaqueta de hombre. Su talla, más o menos.

Y tampoco supo negarse cuando le dijo que se sentase a la mesa. Ellos ya estaban cenando. Asado de cordero con arroz y una ensalada. El viejo se acordó de su marmita.

—Es un milhojas de bacalao. Si no le importa, podríamos calentarlo un poco. Ya está todo en su punto.

—¡Por Dios! Eso no se pregunta. ¡Bacalao, qué maravilla! ¡Con lo que me gusta a mí el bacalao! De cría, siempre lo comíamos en Nochebuena. Pero estos niños de ahora, ¿sabe usted?, son carnívoros.

—El perro también come bacalao. ¿Le importaría que se lo sirviera?

—¿Te das cuenta, Antón? ¡El perro come el bacalao!

—Pruebe usted, señora, por favor. Va con patatas y salsa de pimiento verde y cebolla. Lo preparé yo mismo.

—Eso tiene que ser una delicia.

Cuando iban a dar las doce, la mujer se levantó de repente. Recordó algo que debía ser muy importante. El grafito de los ojos pintó en el aire una picardía.

—¡Van a dar las doce, Antón! ¡Se va a ir la luz!

¿La luz?

Miró al viejo como una bruja divertida: «Mi marido está de guardia. En la central de abastecimiento. Es electricista. Nos prometió un apagón para las doce en punto. Va a ser sólo un minuto. Su manera de estar con nosotros. ¡Venga, venga al balcón! ¡Verá qué espectáculo!».

Y a las doce en punto se fue la luz en la ciudad. Una música de fin de mundo, de lluvia cabalgando en el viento, de río que retorna, abarcó con su fuelle la tierra toda. Fue entonces, sólo entonces, cuando se abrió la puerta del balcón de Lorena. Y era verdad que todo resultaba magnífico y oscuro.

La duración del golpe

Había soñado muchas veces con esta entrada, incluso la había estudiado con detalle en la Escuela de Náutica, pero era la primera vez que llegaba a Nueva York. Amanecía. El sol entraba con nosotros, a popa, en el ángulo de estribor. Semejaba que lo remolcábamos, que tirábamos de aquel precioso pecio con una malla de oro y cabos de alpaca. Entrábamos lentamente, casi al ralentí, y en proporción inversa al latido del corazón. Allí estaba, desperezándose a babor, ¡era ella!, la Estatua de la Libertad. Lence, uno de los marineros, comentó en voz alta: «¡Pues sí que tiene buenas tetas!».

Recuerdo muy bien aquel día. Era el 24 de febrero de 1981. Atracamos en uno de los viejos muelles de Brooklyn. El sol se había soltado del amarre, centelleando sobre Manhattan, se había ido en busca de las hojas de vidrio de las altas torres, haciéndolas crecer todavía más. De otra manera, descendiendo en perfectas diagonales de sombra, también alargaba sobre el ras el frío vacío, arqueológico, de los gigantescos galpones portuarios. El práctico me explicó que aquellos pabellones habían sido almacenes de avituallamiento en la Segunda Guerra Mundial. Ahora eran agujeros negros en la constelación de la ciudad, que engullían y expelían ratas del tamaño de liebres.

Afuera todo parecía grande. Los ojos tenían que acostumbrarse a una nueva medición de la realidad, multiplicada la escala en la poderosa urbe. Había menguado el barco, que en una travesía es el centro del universo, y también nosotros nos habíamos achicado.

El propio práctico era de una corpulencia extrema, y por lo tanto, un hombre amistoso y hospitalario. Tenía, además, algo importante que contarnos. Desplegó ante mí un ejemplar del periódico *The New York Times*. En un gesto innecesario, me señaló la foto con el dedo. Yo ya me había fijado en ella, atraído el ojo por el imán fatal de nuestra historia. Un hombre uniformado, con mostacho y con tricornio, me miraba con fiereza y odio y me apuntaba con su pistola.

El periódico informaba de un golpe de Estado militar en España. Todavía no estaba claro si había triunfado o no. Leí el pie de foto. El personaje del mostacho, tricornio y pistola se llamaba Antonio Tejero, era teniente coronel, y comandaba las fuerzas que ocupaban el Congreso en Madrid y tenían secuestrados al presidente, al Gobierno y a los diputados.

El práctico, con calmosa curiosidad, esperaba que leyésemos toda la información. Pero no nos hacía falta. Era difícil explicarle que con la foto teníamos suficiente como para comprender la gravedad de lo que estaba pasando. Aquel rostro, aquella mirada, aquel arma, activaban una información que ya estaba impresa en nuestros genes.

—*Franco comes back!* —exclamó el práctico, como quien enuncia el título de una película.

—*Yes. Again and again.*

—Hay que llamar allá —dijo Muñiz, de Caramiñal—. Si éstos vuelven, yo pido asilo. Me quedo aquí. ¡Que les den mucho por el culo!

El práctico parecía interesado por nuestra reacción. Pero yo no estaba allí. Yo salía de la Escuela de Náutica, en A Coruña. Íbamos en pequeños grupos, procurando no llamar la atención. Era el 11 de marzo de 1972. El día anterior, la policía franquista había abierto fuego contra una manifestación obrera en Ferrol. En el suelo quedaron muertos dos trabajadores del astillero Bazán, Daniel Niebla y Amador Rey. Los heridos de bala se contaban por decenas. Nos llegaron noticias de salvajes tormentos a algunos detenidos. Ferrol estaba muy cerca, y mucho más para nosotros, que ya medíamos interiormente las distancias por carta marina. Como quien dice, casi se podía sentir el eco de los disparos rebotando en el mar. Mientras caminábamos silenciosos, masticando el asco y la rabia, mirábamos extrañados cómo proseguía la rutina diaria en nuestra ciudad. En la Escuela de Náutica había un sentimiento muy extendido de oposición a la dictadura y hervían los sueños utópicos. ¿Por qué había anidado allí, precisamente allí, tanta inquietud si, más pronto que tarde, nuestro hogar sería el mar? Pronto le diríamos adiós a la tierra. Seríamos del partido de Ulises. Quizás era eso. Quizás la saudade se adelantaba al futuro. ¿Cómo marchar sin una Ítaca a la que querer volver?

Teníamos una urgencia. Eso era lo que nos hacía distintos. El enfrentamiento con la dictadura iba más allá de la política. Era una cuestión personal. Un día, en el encerado de clase, alguien había escrito con tiza, en el código internacional, la palabra libertad.

Lima India Bravo Echo Romeo Tango Alfa Delta

Permaneció allí mucho tiempo sin que nadie la borrase.

Para la gente de mar es pecado desoír una llamada de auxilio.

Por eso sé que este rostro me mira, amenazante, con espuma de odio en el blanco de los ojos. Como aquel otro hombre de loden, de abrigo verde, en la esquina de la calle Rubine con la plaza de Pontevedra el 11 de marzo de 1972.

Los grupos habían ido convergiendo en la plaza y, a una contraseña, cortamos el tráfico y comenzamos a gritar.

¡Abajo la dictadura!

Otra vez.

¡Abajo la dictadura!

Ahora.

¡Libertad, libertad, libertad!

En la esquina, en la acera, el hombre del abrigo verde me mira fijamente. Ojos y boca espumean odio. Agita el paraguas.

—¡Viva Franco! ¡A estudiar, a gritar al mar, cabrones! ¡Viva el Caudillo!

¿Y el resto? ¿Toda esa multitud de la acera? Silencio. También nos miran duramente. Silencio. ¿Y la chica que sostiene un ramo de dalias blancas? Ella también nos mira con desconfianza. Quizás tiene miedo de que pisoteemos sus dalias blancas. Quizás no nos entiende.

¡Escucha! Posición:

Lima India Bravo Echo Romeo Tango Alfa Delta

¿Recibido mensaje? Cambio.

Repito posición:

Lima India Bravo Echo Romeo Tango Alfa
Delta

Después de la retirada, cuando se acercaron
las sirenas policiales, algunos procuramos refugio
en un bar del Orzán. A esas horas, la carraca de la
televisión golpea la sien. De repente, en la película, pero retumbando en aquel bar de bebedores so-
litarios, con olor a antigüedad desinfectada: «¡No
disparen! ¡Fuimos nosotros quienes enviamos el
mensaje en la botella! ¡No disparen!».

En el muelle de Brooklyn, el práctico está
interesado en nuestras sensaciones.

—El sentido de la vergüenza.

No. Vergüenza no es la palabra más exacta.

—El miedo.

¿Miedo? Sí, eso es, miedo. Sí, estoy lejos,
a salvo, pero la sensación es miedo. Miedo en cada
neurona, en cada célula del cuerpo.

Me va a blanquear de repente todo el pelo.
Temo que el práctico se dé cuenta y anuncie im-
presionado el espectáculo por la bocina: «¡Miren,
observen! ¡Su cabellera se está volviendo blanca!».

No estoy aquí. Soy el tío Eduardo.

Muchos años huido. Como un topo. Se
acostumbró a la oscuridad, a la noche permanente
en el desván. Su último refugio era un entablado bajo la cubierta del tejado. Lo que él llamaba un nicho
en el cielo. Durante un registro, uno de los guardias
golpeó allí con la culata del mosquetón. Cuando
se fueron, Eduardo salió del escondite y tenía el cabello completamente blanco. ¿Cómo se puede blanquear el pelo en unos minutos? ¿Qué anilina corre
por la sangre cuando el miedo es tan atroz?

Cuando recuperó la normalidad, intentó asomarse a la vida, pero entonces le pusieron fama de lunático. No conseguía acostumbrarse a la luz del día. Se sentaba siempre en la penumbra, tan pálido, los ojos claros velados por una especie de gasa, con aquella aura del cabello albo, que semejaba un espectro, pero permanecía alerta y captaba los ultrasonidos, ruidos imperceptibles para nosotros, como el radar de un murciélago.

No está loco. No es cierto. Todo lo que dice es muy sensato. Y conserva el mejor sentido del humor, el de los cascarrabias, el de los viejos socarrones. Pero su fama de paranoico le viene por esa manía en asegurar que el dictador no ha muerto. Que es todo una trampa. No se trata en él de una ironía. Está convencido de que el dictador vive en alguna parte, quizás oculto en un hermoso pazo con camelias Lazo Negro y Vestido de Satán, y que bajo la losa del Valle de los Caídos está el último miembro de su guardia mora. Respira, toma chocolate, ve películas de Walt Disney, y, sobre todo, hace listas negras. Deja que media España se confíe para volver a aplastarla.

—¡Pero, tío! Se aprobó una constitución, hubo una amnistía, hay un rey que es un figura, el que gobierna es Suárez, elegido por el pueblo...

—¡Ajá! ¿Y quién es ese rey? ¿Y quién es Suárez?

—Franco murió, tío. Hace ya años. Comido por los gusanos. ¡Dale al interruptor de la cabeza! ¡Enciende la luz! Murió, la espichó, la palmó. Como tododiós. ¡Echa fuera ese maleficio! En el único lugar donde está vivo es dentro de ti. Se está alimentando con la caña de tus huesos.

Ladea la cabeza. Niega y niega.

—¡Ilusos! Sois todos unos pardillos. Os van a coger en las nubes. ¡Cazar como conejos!

Por fin vuelve Muñiz. Ha estado hablando por teléfono con España. Pletórico. Me da un abrazo.

—¡Esta vez no pasaron! El golpe fracasó. Por poco, pero fracasó. El Rey no se apuntó y les jodió la jugada.

El práctico nos da la mano y la enhorabuena. Se despide satisfecho. Hoy tendrá algo que contar a su mujer.

—Se olvida su periódico.

—Para usted. ¡Un souvenir de Nueva York!

Le echo la última mirada a la foto del espadón. Doblo el periódico como quien archiva una pesadilla.

—¡Jódete, cabrón!

También yo debería llamar a casa. Hablar con el tío Eduardo. Decirle: «¿Qué? ¿Echaste fuera ese demonio?».

Necesitamos un alivio. Fueron muchos días sin tocar puerto, y los hombres piden un respiro. El empleado de la agencia naviera recomienda que vayamos todos juntos. Nueva York no es el mejor lugar para que una tripulación se disperse por ahí. Así que llama a una camioneta y nos lleva a un local con mujeres en Atlantic Avenue. Se llama The Big Country.

—*Count, Kunt!* —bromea el chófer.

—¿Y éste por qué se ríe? —pregunta Inda, el cocinero.

—*Kunt* es coño.

—¡Eso ya lo sé! ¡Está en el *Hamlet*!

The Big Country tenía una larga barra que se perdía en un fondo oscuro. La mayoría de las chicas eran sudamericanas y se armó pronto entre ellas y nosotros un ambiente de mucha folía, picardías y piropos que se entrelazaban en espirales de humo, en una creciente nebulosa que para nosotros tenía la forma de un sembrado de estrellas.

De repente, un zurriagazo desde el fondo. Y a continuación, el trueno de un vozarrón.

—¡Españoles!

No sé el porqué, pero sentí un escalofrío. Todas las chicas se habían callado y apagaron la sonrisa. Alguien tenía que acudir a aquel oráculo oscuro. Así que atravesé la línea de sombra. Un hombre muy grueso, con arrobas de grasa en el vientre, sentado entre cojines en una gran silla de mimbre. Era viejo, seguramente muy viejo, pero con la cara fofa y lampiña de un niño tragón de golosinas. Y de esa naturaleza eran sus manos, con los dedos hinchados. Acariciaba una fusta.

—¿Sois españoles, chico?

Su acento era cubano.

—Afirmativo.

—¿De qué parte de España sois, chico?

—La mayoría de Galicia, señor.

—¡Gallegos, gallegos! Yo también soy gallego. He dado unos cuantos tumbos por ahí delante, pero soy gallego. De cerca de Meirás. Donde veranea Franco, ¿tú sabes, chico?

—Franco murió hace años, señor.

Y añadí con vehemencia:

—¡Gracias a Dios!

Él golpeaba con la fusta en la palma de la mano izquierda. De una manera pausada, metódica, como la cuenta atrás de un reloj brutal.

—Así que tú eres de los que cree que Franco está muerto, ¿eh, muchacho?

Y luego soltó una carcajada que hizo temblar sus carnes fofas. Me marché sin despedirme. Eché a andar. La luz ya me había abandonado del todo cuando atravesé el inmenso descampado que me separaba del muelle. Los sin techo prendían hogueras en bidones metálicos para resistir en el ring de la noche. Con alegría, distinguí por fin la arquitectura más familiar, el escorzo de nuestro barco. Un veterano pero ágil carguero, con cicatrices en proa, como el morro de un boxeador. Apuré el paso. Él era mi Ítaca. Mi verdadero país.

La confesión

¿Qué le dices? ¿Qué le dices a un chico cuando él se te arrima mucho?

Le digo que no se arrime tanto.

Pero, si él te gusta, ¿verdad?, dejas que se arrime algo.

Algo. Algo, sí.

¿Cómo de algo? ¿Mucho?

¡No, mucho no!

Y en ese algo que tú dejas que se arrime...

¡No, si yo no lo dejo!

Has dicho que algo sí.

Un poco. Sólo un poquito.

En la confesión no se miente. Recuerda que estás hablando con Dios. ¡Cuéntale a Dios la verdad! Después te sentirás mejor, más limpia. ¡Ya verás! Dime, dime una cosa: En ese poco, ¿tú notas su cuerpo?

¿Su cuerpo? ¡No, su cuerpo no!

¿No sientes sus brazos?

Sí, sus brazos sí.

¿Sus hombros?

También.

¿Sus piernas?

A veces.

Cuando es muy lenta la música, ¿no sientes su rodilla abrirse camino entre tus piernas?

Yo no dejo que abra mucho camino.

Pero ¿cuánto dejas?

Un poquito, ya le dije.

¿Y las manos? ¿Dónde pone él las manos?

Es un baile de pareja.

¿Dónde las pone?

En la cintura.

En la cintura, ¿dónde?

¿Dónde va a ser? En el talle, en la cintura.

Ya. Pero ¿más arriba o más abajo?

Por el medio.

¿Y no baja? ¿No baja a veces la mano?

A veces, la baja. A veces, la sube.

¿Y tú lo dejas subir y bajar?

Un poco. Para cambiar de postura. Pero sin pasarse.

¿Qué haces si se pasa?

Ponerle el freno.

¿Cómo lo frenas?

¡Me pongo tiesa!

Pero, si él insiste, y si él te gusta mucho, mucho, ¿no te rindes? ¿No cedes?

¡No, padre! Tengo la tentación, pero me aguanto.

¿No te dejas ir aunque sólo sea un momentito?

Puede ser. Un momentito, sí.

¿Y qué notas en ese instante?

Su corazón.

¿Seguro que no notas nada más?

No. Sólo su corazón.

¿Cómo hace el corazón?

¡Retumba!

¿Retumba?

Sí, retumba.

Dime una última cosa. Si cuando lo frenas, él sigue adelante, ¿entiendes?, él persevera, ¿tú qué haces?

Le digo que no me trepe.

¿Qué es lo que le dices, muchacha?

¡No me trepes!

Repítelo, repítelo, por favor.

No me trepes.

Se había entretenido en la casa de las costureras. Se rieron con ganas, hasta llorar de risa, cuando ella les fue desvelando la confesión.

COSTURERA 1: ¡Pobre! ¡Se enamoró de ti, Marisa!

COSTURERA 2: ¿Enamorarse? Ese cura nuevo es un vicioso, ¡te lo digo yo!

COSTURERA 1: Lo que pasa es que se aburre con las papa-hostias. Cuando pilla a alguna moza, no quiere soltarla.

COSTURERA 2: Y tú, ¿por qué no le paraste los pies?

Lo pensé al principio, dijo Marisa. Pero después... No sé. Fue como ponerse a jugar con él a las palabras.

Al poco de marchar, se le echó la noche encima. Recordó la vieja adivinanza: ¿Qué cosa es que cuanto más grande menos se ve? ¡Soy yo!, le respondió la oscuridad con su gran boca desdentada. De todas formas, no había pérdida. Era el propio camino, en su hondura, quien la conducía, guiados los pies por las roderas de los carros. Ella no era miedosa. Al contrario, sentía en la noche, como en la soledad, un cierto amparo. Fue el silencio, un espeso silencio, lo que la alertó. En alguna vigilia de la infancia, para andar por el sobrado de la casa y no ser oída, evitar el gemido delator de la madera del suelo, ella contenía la respiración y pisaba levitando con los calcetines de lana. De esa naturaleza era la presencia que notó al acecho, caminando a la par, tras la cornisa de matorral, en lo alto del talud. Un pisar sin pisar en el suelo acolchado de hojarasca. Se apoderó de ella un desfallecimiento. El cuerpo no respondía a las órdenes de la cabeza. Cuanto más quería apurar el paso, más se le resistían las piernas, rígidas y flojas al tiempo. Intentó rezar un padrenuestro para librarse de aquella cuerda invisible, pero la corriente que le tullía el cuerpo también le cortaba el habla.

Hacía mucho tiempo que por allí no se tenían noticias del lobo. A veces aparecía algún mostrenco muerto y despedazado, a medio roer. Pero había quien decía que aquel estrago, por la forma de las dentelladas, no era de lobo sino de perros abandonados por los cazadores y gentes de la ciudad que habían mudado su carácter esclavo y ahora atacaban en salvaje manada. Su padre sí que había tratado al lobo de frente. Por eso había entrado en su mundo no como una leyenda de tiempos remotos sino como una herencia que todavía aullaba por las devesas de la memoria. Pero el miedo, el verdadero miedo, le había contado el padre, no lo mete la visión del lobo. El miedo se va cuando lo tienes de frente. El miedo de verdad, lo que estremece, es el aire del lobo.

No tenía un palo a mano ni voluntad para buscarlo. No llevaba mechero, ni cerillas, ni ninguna cosa de meter ruido. Le daba vértigo sólo pensar en agacharse para coger una piedra. Ésa es la parálisis del miedo. El miedo que mete miedo. Pensar que cualquier movimiento, de huida o de defensa, va a ser interpretado en tu contra. El fluido de la voz, la única arma de confianza, se detenía en la represa de la garganta, daba la vuelta y hacía runrún en las tripas, como si las palabras engordasen de angustia. La voz, pensándolo bien, tiene efectos maravillosos. A ella le había prestado muy buenos servicios. Era de pocos caprichos, muy humilde en sus deseos, pero de dar el paso de expresarlos casi siempre se le cumplían. Cuando pasaba una estrella fugaz, que eran almas en camino por el cielo, había que decirle: Dios te guíe. Y a continuación, pedir un deseo. Pedirlo en secreto y guardarlo para sí. Su hermana pequeña, que era muy soñadora y alegre como una pandereta, contó un día en casa que había viso una fugaz desde la galería, antes de acostarse, y no hizo falta indagar por el anhelo. Ella misma se apresuró a desvelarlo: Pedí marcharme de artista con el Teatro Chino de Manolita Chen. Estaban cenando y todo el mundo se quedó en silencio, cabizbajo, mirando el fondo de la taza de caldo, como si intentasen encontrar la estela de una estrella caída al mar.

Y después, continuó diciendo la hermana pequeña, satisfecha de haber llamado la atención hasta el punto de provocar al tiempo la inquietud muda de la familia, el crepitar del fuego en el hogar, la curiosidad algarera del viento, despertando las ventanas con los nudillos de las ramas, después soñé que cuando estaba en el prado, pastoreando las vacas, venía Manolita Chen con un traje de seda azul y pamela blanca y me decía: ¡Venga, niña! Vente conmigo que tú eres demasiado linda para estar aquí, de criada de las vacas e institutriz de las gallinas.

Todos se echaron a reír, pero el hermano más severo preguntó: ¿Quién te enseñó esa finura? Eran diez hermanos, entre mujeres y hombres.

¿Qué finura?

Eso de institutriz de las gallinas.

¡Me la enseñó Xan das Bolas, el del cine!

¿También has visto por aquí a Xan das Bolas?

Sí. El mismo día que a Manolita Chen.

¡Qué suerte! Tu cabeza es una sala de fiestas, nena.

A partir de mañana, dijo el padre muy serio, con la solemnidad de lo irrefutable, y mirando hacia los hermanos mayores, a partir de mañana la pequeña no volverá con el ganado ni hará trabajos de carga ni limpiará el gallinero. Ayudará a su madre y estudiará. Nada más.

La palabra, como la estrella fugaz, tiene algún poder.

Del retrato de familia, Marisa escuchó dos voces.

Mira el miedo de frente, le decía el padre. Pero el miedo no devolvía la mirada. Lo que ella veía era una masa compacta de sombra. Todo el bosque semejaba un perturbado ser de fábula.

La otra voz era la de la hermana pequeña. Reía hacia ella y le decía: ¡Persígnate!

Si conseguía llevar el pulgar al centro de la frente, sería fácil, porque las cruces, en el cuerpo, se hacen cuesta abajo. Se santiguó atropelladamente, diciendo la fórmula en un murmullo encadenado.

Por la señal
de la Santa Cruz

de nuestros enemigos
líbranos Señor
Dios nuestro
en nombre del Padre
del Hijo
del Espíritu Santo
Amén

No, no es así, le dijo riendo la hermana pequeña. Repite conmigo, despacio y con coraje:

Por la señal
de pico real
comí tocino
y me hizo mal
si más me dieran
más comía
por el mal
que me hacía
fui tras del
con un cordel
y me dijo mierda
para ti y para él

De entre los altos setos de laurel salió la luna con un resplandor de orgullosa alquimia. En el desconcierto de la repentina claridad, el rufián dio un paso en falso y tronzó con un pie una rama seca que acabó por hacer añicos la densidad del miedo. Marisa se sintió liberada y subió a mirar con valentía por encima del ribazo. En la cuesta del monte se recortaba, huidiza, la silueta del páter.

El lobo y la sirena

Pensábamos que se derrumbaría y que haría de su caída un suceso, un ruido tremendo, hercúleo y sentido como era. Pero sólo se le cayó el pelo, y fue de repente, aquella misma noche, como si la muerte le pasara la guadaña rozando la cabeza.

Rodolfo estaba casado con Mariña. Habría que añadir algo más. Rodolfo giraba en la órbita de Mariña. Así, a la manera de un satélite, el ciclo de su humor dependía de la distancia de la mujer querida. Cerca de ella, era un ser auroral y se movía calmo en serpentina, como los ríos bravos cuando amansan en el regazo de un valle feliz. Lejos de ese arrullo, primero parecía desorientado y luego mudaba en sombrío, rudo y agrio. Por donde él pasaba, pasaban cien caballos y la noche. Eso era lo que ocurría alguna vez, cuando se dejaba arrastrar al bar por los amigos. Hacían mofa de aquel amor de tórtolas, que lo había incapacitado para las juergas, el fútbol, en el que destacó como líbero, las partidas de cartas, las borracheras de sábado noche. ¡La ebria camaradería de antaño! Y entonces tenía que ir Mariña en su rescate. Lo llevaba del brazo como si le pusiera una camisa de fuerza a un corazón atormentado.

En Cambre de Lira había un monumento. Un castillo medieval en ruinas, desmoronado por las guerras y el abandono, y quizás también herido en la propia estima, pues por toda memoria era conocido como la Casa del Perro y la Sardina. Sorprendía mucho al vecindario que acudiesen estudiosos o turistas a interesarse por aquel montón de piedras. Como también me sorprendió mucho a mí saber, cuando lo supe, que los motivos del escudo nobiliario, lijados por el tiempo, no eran un perro y una sardina sino el lobo y la sirena. De todas formas, la primera vez que yo oí hablar de monumento en Cambre de Lira fue en referencia a Mariña. Un domingo por la tarde, había ido con mi padre en la vieja furgoneta Austin a recoger a unos cazadores, y a la vuelta, uno de los hombres exclamó al verla pasar por la orilla de la carretera, con un ramo de mimosas: «¡Qué monumento!». Y otro añadió: «¡Y qué curvas!». Al mirar por la ventana de atrás, con su forma de pantalla, alejándonos de la admirada como de un vago fotograma crepuscular, sentí también por vez primera la inquietud de tener que compartir con otros hombres, incluso brutales, un mismo hechizo, un mismo día, a la misma hora. Y que eso sucediese más veces, en otros paisajes, en otros días y en otros crepúsculos.

La desolación de Rodolfo. Eso sí que sabíamos que no se podría compartir, aunque todo Cambre de Lira sintió como una ruindad del destino la inesperada muerte de la bella Mariña. Una enfermedad que la marchitó y se la llevó de un soplo. Fue como si todos oyéramos caer en el silencio una redoma con una blanca rosa dentro. Mientras duró el velatorio, el hombre sólo salía de la casa para andar y desandar el porche con paso corto y la mirada inquisidora y fiera, trepando y resbalando hacia lo alto por las delgadas losas del infinito.

Esperábamos, sí, que se derrumbara. En la comitiva del entierro también él parecía caminar hacia un foso y la vecindad, en lugar de darle consuelo, era una escolta que lo empujaba al abismo y le decía adiós con sus pañuelos blancos. La muerte de Mariña se había convertido ahora en la verdadera prueba para el enamorado y el capítulo final, como en los grandes amores de ficción, no podía ser otro que el fin de Rodolfo. En la formalidad del pésame, las palmadas en la espalda y las expresiones de ánimo más repetidas, «¡Vamos, Dolfo», «¡No desfallezcas ahora!», «¡Lo sentimos por ella y también por ti!», sonaban aplausos al hombre que va a dar el paso decisivo hacia el vacío.

Rodolfo nos decepcionó. Salió adelante.

Eso sí, de una forma extraña. En su segunda vida, había un comportamiento en extremo metódico. Funcionaba como si se tragase una batería eléctrica. Después del trabajo, lavaba y abrillantaba su coche Orion con el mimo de quien cepilla un caballo campeón de carreras. Recortaba los setos de mirto del jardín con la precisión del barbero Naia, que antes del corte de pelo dibujaba un croquis de la patilla: «Te voy a hacer un 2x5x3, estilo Tom Jones». Podaba las plantas con la pulcritud de un cirujano. Y, sobre todo, Rodolfo cortaba el césped. No un día a la semana, sino cada día de cada semana. Lo rasuraba. Pasaba y pasaba la máquina sobre la hierba repelada como una moqueta.

Un día lo vimos a cuatro patas, palpando con las manos el suelo, al lado de la cortadora.

—¿Qué pasa, Dolfo? —le preguntó mi padre.

—Perdí un tornillo —dijo él sin apartar los ojos de la perfecta alfombra del césped—. Un tornillo de la cortadora.

Y allá fuimos los dos, a ayudarlo. Parecíamos tres sabuesos a la busca de un rastro.

—Hay que ir muy despacio —indicó Rodolfo—, palmo a palmo, porque de lo contrario podemos enterrarlo sin darnos cuenta con el peso de las rodillas.

Algo escuchó el señor Figueroa, el vecino, que se asomó estirando el cuello tras el seto. Era un hombre de baja estatura, de carácter muy fuerte, y con tanto dominio de sí mismo que, a la menor oportunidad, lo ampliaba a los demás.

—¿Qué buscáis?

—Un tornillo. Un tornillo que perdió Dolfo.

También él se sumó a la meticulosa exploración. Y todos los desocupados que iban pasando por delante del jardín de Rodolfo. Éramos unos diez rastreadores de Cambre de Lira a la búsqueda de un tornillo.

—¿Cómo es el tornillo?

—Pequeño, de unos centímetros, y la cabeza redonda.

—¡Pues tiene que aparecer como que hay Dios!

El señor Figueroa, que ya había decidido ponerse en pie, pasando a dirigir la operación, exclamó de repente: «¡Ya sé!». Y se marchó a toda prisa. Cuando volvió, traía un artilugio mecánico con mango largo, parecido a una aspiradora.

—¿Y eso qué es?

—¡Un detector de metales, señores!

—¿Y usted para qué quiere en casa un detector de metales? —preguntó Armando, que era guarda forestal, con gesto inspector.

—¿Y a ti qué carajo te importa? —le espetó el señor Figueroa. Se decía que había amasado una fortuna con la compraventa de fincas de emigrantes. Tenía un Cadillac, traído de Cuba, que sólo sacaba del garaje los domingos. El resto de los días viajaba en un Renault *Cuatro Latas*. Mi padre aseguraba que Cambre de Lira estaba llena de ricos que vivían como pobres, trabajando como burros para los bancos, y que incluso había algún pobre que vivía como un rico. Creo que exageraba. Pero lo cierto es que el señor Figueroa tenía demasiados dientes de oro.

Iba oscureciendo y a Rodolfo se le habían puesto los ojos de linterna. Muy serio, concentrado, seguía los movimientos del cabezal del detector que manejaba el señor Figueroa. De repente, se escuchó un pitido y se encendió un piloto rojo. Nos quedamos todos pasmados con aquella lucecita intermitente.

—¡Ahora sí que sí! —exclamó pletórico el tratante de fincas.

Pero debajo del cabezal no había nada. Extrañado, el señor Figueroa, y pese al gesto contrariado de Rodolfo, arrancó un jirón del perfecto césped. La luz del piloto aumentó entonces en intensidad y frecuencia.

—¡Aquí debajo hay algo gordo!

—Lo que yo busco es un tornillo —recordó Rodolfo.

—¡Sí, hombre, sí! Ya aparecerá el tornillo. Pero yo te digo que aquí hay algo. Algo serio.

—Quizás un tesoro —soltó alguien con sorna.

—¿Por qué no? —dijo el señor Figueroa muy caviloso—. ¡No sería el primero!

Y luego regañó con la mirada al resto, como quien se esfuerza en tratar con ignorantes: «Aquí, bajo nuestros pies, hubo un castro, señores, una ciudad prerromana, de mucha alcurnia. ¡Esto fue una capital mucho antes que Nueva York! Y donde hubo un castro, hay un tesoro. Eso no falla».

—Lo que yo busco es un tornillo —insistió, murmurando, Rodolfo.

Le noté en el habla que había perdido la voluntad. Había en él algo de fantasma y autómata a un tiempo. Nadie le hizo caso. Se estaba hablando de tesoros.

—Puede ser cualquier otra cosa —dijo Armando—. ¿Qué sé yo? ¡Una guadaña!

Quedaron mudos un instante. Ya era de noche. Para mí que la noche había llegado antes de tiempo, quizás atraídas las tinieblas por la novedad del detector de metales con su silbato. Siempre me extrañó que la noche, una cosa tan grande, fuera tan silenciosa. Alguien había encendido la lámpara del porche. En el último resplandor del poniente, en lo más alto de la colina, se dibujaba el antiguo castillo, con un prestigio que no tenía por el día. La noche premia la constancia de las ruinas. Pronto, la luna compondría con las aves noctívagas y los cascajos de la historia un misterioso almanaque. Hacia allí miraba Rodolfo.

Los hombres cavaban en su jardín. Primero hicieron con cuidado un pequeño agujero. Pero después ya usaron herramientas mayores. Picos, palas y azadas. Para ver mejor, se ayudaban con una lámpara de cámping-gas. Y es verdad que ya semejaba un campamento de excitados buscadores de oro, cada vez más atraídos por el pozo que abrían bajo sus pies.

—Le estamos destrozando el jardín —dijo Armando, en un momento de clarividencia.

El señor Figueroa había asumido el papel de capataz: «Eso ahora no importa. Luego lo arreglamos. Lo dejaremos como el Nou Camp de Barcelona».

Por fin, se escuchó un golpe diferente. Hierro que golpea en hueco. Los hombres rodearon el pozo. La lámpara alumbraba la expectación de los rostros sudados. Quietos, obnubilados, mientras el jefe Figueroa extraía con mucho mimo el hallazgo. Soltó una nerviosa carcajada.

—¡Que el demonio me lleve si esto no es un cofre!

Sí que lo era. Un cofre de madera con refuerzos de metal.

—¿Pesa mucho?

—¿Está cerrado?

—¿Los celtas usaban cofres?

Los ojos de Figueroa centelleaban. Le temblaba el habla.

—¡Traed esa maza!

Y sin más, golpeó y rompió la tapa.

—¡Me cago en el Banco de España!

—¿Qué hay? ¿Qué tiene? ¡Dejad ver!

Se echaron todos hacia delante y después, al mismo tiempo, hacia atrás. De nuevo, quietos. Silenciosos.

—¡Son libros!

—¿Libros? ¡Mirad bien!

—Sólo son libros. ¡Qué desgracia!

—Pero están en latín. ¡Igual valen un potosí!

—No es latín. Es francés —dijo el señor Figueroa. Repasó los tomos y fue leyendo en voz alta: Voltaire, Rousseau, Montesquieu. Luego, escupió en el suelo.

—Los debieron enterrar cuando la guerra.

Nos fuimos yendo todos. Allí quedó Rodolfo, sentado en un peldaño y con la mirada perdida en el pozo que le habían abierto en el jardín.

—¡Qué pequeño es el mundo! —exclamó mi padre por el camino.

Era lo que siempre decía sin que nadie le quitase la razón. Pero yo pensaba para mis adentros que el mundo debía de ser muy grande, lleno de intrigas y que cada persona era un misterio. Para empezar, los dedos de mi mano derecha jugaban, en el bolsillo del pantalón, con el tornillo perdido de Rodolfo.

Snif, bang, bla, bla, bla

En la diáspora del viaducto, protegidos del escrutinio policial de los conductores de la deshora, distingue una pandilla de jóvenes alrededor de un bidón que les sirve de estufa y de marca para el círculo de una danza inconsciente, al ritmo del bongo y de los espasmos del mar en el cercano dique. En el cubo de espejos de la Torre de la Estación de Seguimiento Marítimo, la luna rompe en 111 lunáticos fragmentos. Pero uno de los trozos, el más carnal, arde en el bidón, con las llamas azules y naranjas de los cuerpos vivos desprendidos de las ramas del cielo. La indecisa corriente de aire agita los resplandores y en los muros de hormigón exhuman los graffitis. No se trata de una estampa marginal, como cabría pensar, pues en todo hay una voluntad estética, como si el ingeniero de caminos ya hubiese concebido aquella cavidad como el futuro paisaje de un videoclip. Jóvenes blancos que sueñan ser negros, con el gorro y el foulard de la noche.

Instalación artística en el museo de Europa.

Catacumba.

El hombre del abrigo y el sombrero pasea su heterónimo como un forastero expulsado de una habitación de hotel por el insomnio.

Apurar el paso.

Ver sin mirar.

Embozado en sus hombros.

—¡Ése es el poeta! ¡Eh, poeta!

Evitar el contacto visual. No darse por aludido. Apurar el paso.

—¡Ése fue uno de los que me jodió la vida!

El hombre del abrigo y el sombrero de ala se da la vuelta como movido por un resorte. Desoye los consejos de la biología y de la prudente razón. Peor todavía: desanda todo el camino que lo llevó más allá de la Estación del Escepticismo a la de la Indiferencia. Reacciona ante las palabras, como el ex adicto ante el humo del tabaco. Por lo visto, todavía hay construcciones semánticas que le producen emociones. La última vez, hace ya algún tiempo, se había sentido atacado por un crítico que le reprochó falta de ambición, relamer el desasosiego de la propia existencia, no elevarse ni un palmo sobre la materia de la vida. Y él había respondido: «El perro de presa vino, por fin, a mear a la farola».

—¿Quién dijo eso?

—Yo. ¡Estás en la lista, tío!

—¿Qué lista? ¿De qué me hablas?

—En la lista de los que me jodieron la vida.

En el resplandor de las llamas, tenía cara de ángel y demonio, el físico de un adolescente en el que van tomando posiciones, como injertos, los gestos duros de un hampón. Los otros se rieron.

Amedio Salgueiro trató de recordar. Tenía un temor casi reverencial por las leyes de la causalidad. En sus tiempos de vanguardia optimista creía en el poder conmutador de la poesía, pero no a la manera de los socialrealistas, que confiaban en un laborioso despertar de las conciencias mostrando las llagas, sino que la suya era una creencia en la efectividad, inmediata y precisa, de la poesía, de la misma naturaleza, misteriosa y utilitaria a la vez, que la fe campesina en la abogacía de los santos. De tal manera que si él, Amedio Salgueiro, escribía un poema contra el dictador, como de hecho hizo la Nochebuena de 1961, el inédito *Vudú,* no era tanto por la abstracta pretensión de que se tambalease el sistema sino que se tambalease el mismo Franco, aquel hombre pequeñote, cruel y ruin,

que le estallara la pluma estilográfica en la mano que firma

la mano asesina.

Escribir así requería la concentración de una plegaria, como quien reza en solitario y sabe, todavía en la inconsciencia, que participa en un peligroso juego. Y quedó estupefacto cuando los informativos lameculos del Régimen dieron cuenta, de una forma muy parca, no por eso exenta de milimétricos eufemismos, que aumentaron la repercusión de los hechos, de un desgraciado accidente doméstico, justo ocurrido el 24 de diciembre de 1961, en el que había resultado herida seriamente la mano providencial del Generalísimo, que Dios guarde muchos años.

El poema había cumplido su misión. Y él quemó *Vudú* de inmediato, hizo polvo de las cenizas y las lanzó al viento para que no quedara ni rastro de la diatriba más certera dirigida al tirano y que nunca sería revelada ni a los seres de la mayor confianza. No sólo porque cualquier rumor, en comunidad tan poco discreta como la literaria, podría acarrear graves tormentos, sino por la íntima convicción de que el poema había surgido con la contrapartida de no ser divulgado. Trató incluso de borrarlo de la mente, de olvidarlo como cosa jamás escrita, y, al no conseguirlo, utilizó la coartada de la razón, modificó la secuencia de los hechos, asegurándose que aquello que había escrito, si alguna vez lo había escrito, fue una ocurrencia posterior al episodio del estallido de la mano del dictador. Necesitaba ese convencimiento para escribir de nuevo. Cumplido el objetivo, necesitaba la incredulidad.

Se apartó del compromiso con la historia, y volvió la mirada hacia el paisaje, como el pintor japonés que siempre vuelve al monte sagrado de Fujiyama. Escribió a la manera de los haikus, sucintas descripciones en las que germinaba, contenida como el futuro aleteo de la oruga, la emoción. Eso, la aparente resignación de la hierba, el flujo de las mareas, el taller del sol trabajando la esfera de colores para las vidrieras de un templo infinito, el atento reloj interior de las aves emigrantes, le llevó a un período de sosiego, aunque él sabía que aquella armonía era tan aparente como la trompetería invernal del organistrum que dibujan los carámbanos en los canalones de un tejado. Su Fujiyama estalló en una erupción que llenó de cenizas, humo y lava ardiente aquel poemario de haikus que tituló, al final, *Pendientes dorados para una mujer casada.*

No llevaba ninguna dedicatoria, pero sí ciertas insinuaciones que difícilmente podrían pasar inadvertidas. Sí pasarían para el reducido círculo de lectores y entendidos del mundillo literario local, por más que se disparasen las especulaciones, pero no desde luego para la destinataria de aquellas alhajas de orfebrería poética. Como antaño, la poesía de Amedio Salgueiro estaba viva. Fue bien recibida por la crítica, incluso con confusión por aquel a quien consideraba un perro de presa, envuelta la brutalidad en pedantería, y a quien le atribuía el lema: «Paso corto, vista torcida y mala intención». Estaba viva y tenía, era su secreto anhelo, el don de la causalidad. Aquella mujer existía. Era una vieja amiga que el deseo había redescubierto como un desnudo que oculta los ojos con la mano en un cuadro, como hace la joven que pintó Germán Taibo en 1914. No Simone Nafleux, sino otra.

Fue así. Un día, en la playa, adonde habían acudido en grupo, ella salió del mar y se recostó a su lado, a contraluz, en la toalla que tenía dibujado un abanico, a su vez pintado con motivos de flores y geishas. Pero lo primero que vio Amedio Salgueiro fue una gota dorada que se deslizaba lentamente, como un ser vivo, desde el lóbulo al cauce del ojo, como el camino inverso de una lágrima.

Esperó. Esperó a que llegase a sus brazos la mujer casada. Y ocurrió de la mejor forma posible. Como en un haiku. Sin que nada de lo construido tuviese que derrumbarse por algo tan sencillo. Él se limitaba a estar enamorado y a hacer el amor cuando ella quería. Fue un amante tan apasionado como discreto. Cuando ella dejó de interesarse, y aunque se veían en actos sociales, él no pidió explicaciones ni menos todavía hizo nada por reavivar el fuego. En aquel tiempo, él estaba escribiendo un tipo de poesía alegre y amable, como canciones pop nacidas del bullicio de los mercados populares, en las pequeñas tiendas y bares, en las salas de espera de un dentista o del otorrinolaringólogo, en las paradas de bus, en las peluquerías o en las páginas amarillas de la guía telefónica.

Carnicería La Selecta
de Ferrol,
póngame una cabeza.
Carnicería Mancebo
de Santiago,
póngame un hígado.
Carnicería Mari Carmen
de Coruña,
un corazón, por favor...

Era una poesía que no pretendía nada, excepto congraciarse con las pequeñas cosas de la vida, pintar las naturalezas vivas y muertas del entorno diario, la intrahistoria de lo cotidiano. Poemas de vecindad, de alegre celebración, como las primeras canciones de los Beatles. La crítica calló. Sólo reaccionó, con enojo, el del paso corto. Y entonces fue cuando él envió una sencilla carta al periódico donde habían publicado el despiece caníbal: «El perro de presa vino, por fin, a mear a la farola».

Un día supo, por el propio marido, que ella estaba enferma. Una enfermedad seria. Un enemigo implacable, pero al que estaba enfrentándose como una serena amazona. Le impresionó que la explicación de su distanciamiento le fuese dada, y con tan extrema delicadeza, por mediación del marido. A partir de entonces, se estableció una relación muy estrecha, de apoyo y atención, de cariñoso respeto, entre ellos tres, conservando cada uno su cielo como los árboles que arraigan juntos sin querer secarse, compartiendo el suelo. Pero ella se fue,

sin querer,

se durmió.

A él, que no se le había ocurrido antes escribir contra la muerte, le salieron de las entrañas poemas de un desasosiego infinito, airados primero, resignados luego, hasta dejarse ir la escritura en un reflujo sin retorno. Fuera del papel, del lienzo, de la vida.

—¡Me jodiste, tío! —dijo el chico con cara de ángel del demonio.

Había sido un error detenerse a hablar. Hizo un gesto de apaga-que-me-voy con el brazo y echó a andar.

—¿No eres tú el poeta de la cama revuelta?

Se echó a andar. Pensó. ¿Qué está diciendo? ¿La cama revuelta? De repente, recordó. Se dio la vuelta.

—No era la cama. ¡Las sábanas! ¡Las sábanas revueltas!

—¡Eh, espera! Tranquilo, tío. Es verdad. Las revueltas sábanas de la bahía.

Así era el verso. ¡Qué raro! ¿Por qué lo recordaba aquel chaval? Volvió sobre sus pasos, no por vanidad, sino por una honda extrañeza. Había sido su último poema, el que cerraba *Vita pesima*. No había vuelto a escribir más ni pensaba hacerlo. No tenía ni una brizna de esperanza en los ojos.

—Sí que lo recuerdo —prosiguió el adolescente de gorro de lana—. Las revueltas sábanas de la bahía, una única nube de gris egipcio, sin sol ni luna...

—¡Muy bien, Toni! —aplaudieron los otros.

—¿Cómo, cómo es posible?

—En la selectividad. Me lo pusieron en el examen de selectividad. Había que hacer un comentario de trescientas palabras. Para un poema de mierda, trescientas palabras.

—¿No eres capaz de hilvanar trescientas palabras seguidas? —dijo él, intentando mantener la calma.

—¿Sabes qué escribí? Escribí: «Éste es el poema de un hombre que está solo en la cama, mira hacia el techo y recuerda su media naranja». ¿Qué más podía decir?

—¡Saudade coñotiva! —añadió un colega.

Pasó en alto el comentario. Miró fijamente al joven que recordaba el poema.

—Estabas equivocado. El suspenso fue merecido. El hombre estaba muerto. Piénsalo bien. Escucha.

Las revueltas sábanas de la bahía,
una única nube de gris egipcio,
sin sol ni luna,
un viento inmóvil,
el gorjeo de la concha que se cierra,
Y tú también te fuiste,
barca mía.

Las miradas convergieron en las llamas del bidón y en el velo de gasa negra que desprendían. Alguien inició un aplauso que todos siguieron con intensidad de clac.

—¡Sí, señor!

—¡Eso es un poeta!

—¡Vale, Garcilaso!

—¡Qué mal huele! —exclamó él—. ¿Qué carajo quemáis ahí?

—¿Qué va a ser? Libros. Libros de poesía —dijo muy serio, con las manos en los bolsillos, el que llamaban Toni—. Ahora trabajo en una fábrica de guillotinar invendibles. De Góngora a Amedio Salgueiro.

—¡No puede ser! —dijo él con pánico, arrimándose al bidón de llamas humeantes para ver—. ¡Bestias! ¡Jodidos cabrones!

Se rieron a carcajadas.

—¡Tranquilo, tío! Son folletos de propaganda. Dejan montones tirados por ahí, sin repartir. ¿No ves los colores del fuego, poeta? Los libros son muy malos de quemar.

Volvió el sonido de los bongos.

—¡Echa un trago, colega!

El calimocho le supo bien. Un sabor agridulce, a aceite de motor humano.

—¿Quién pintó eso? —preguntó él señalando los graffitis.

—Un tronado que anda por ahí. Los sprays cuestan un pastón.

Notó otro sabor, una fosforescencia, un picor que se le subía a la cabeza. Al encadenarlos, los signos funcionaban. Un relato perfecto. Detonante.

Snif, bang, bla, bla, bla

Al marchar, escribía. Pestañeaban los ojos ahumados, con el interruptor de la brizna. Esperanza en el poniente del ojo. Sin querer, llevado por una alegre obligación, escribía variantes del relato. Snif, puaf, bla, bla, bla. La linterna de la mirada recorría los muros con luz húmeda. Snif, mua, bla, bla, bla. Escribía. Después de tanto tiempo, escribía. ¿Mmmm? ¡Mmmm!

La sinceridad de las nubes

Era uno de los pocos jóvenes que continuaban en el valle, trabajando el campo y cuidando ganado. Al preguntarle la profesión, en unos documentos escribía agricultor; en otros, granjero. A veces, nada. Podría haber emigrado. A la ciudad o al extranjero. En realidad, tenía tantos oficios como dedos. Podría levantar paredes. Colocar una instalación eléctrica. Empalmar cañerías y reparar la bomba de agua del pozo. Lijar y pintar una verja. Hacer una escalera de caracol. Injertar un frutal en un espino, ajardinar un yermo. Y era un buen mecánico: nadie maneja hoy tantas máquinas como un hombre de aldea. Fuerte, decidido, animoso, ¿por qué no se marchaba?

Sabía que el tener automóvil le obligaba a ciertos servicios colectivos. El viernes por la tarde, la abuela de Inés le pidió, como otras veces, que fuese a buscar a su nieta a la parada del autobús, allá, en el lejano cruce de carreteras. Inés estudiaba Medicina en Santiago de Compostela, pero, al bajar del transporte, parecía que había atravesado Europa. La mirada algo extraviada, verde tormenta, en la orla frondosa de las ojeras. Vestía un suéter de cuello cisne. Él la saludó como un chófer profesional y guardó el equipaje en el maletero. Antes de ir a casa, dijo ella, llévame, por favor, a ver el mar.

Él sabía en qué sitio estaba pensando. A veces, en su ausencia, él se sentaba allí, en la grupa de la duna. Por el camino, los pies descalzos de Inés nombraban, embrujaban: Estrella de la junquera, anémona, melga, manzanilla, lirio del mar, cardo marino. Ahora, silencio. En la fragua oceánica del poniente, entre ascuas que chirrían, germinaban a un tiempo las olas y las nubes. Creo que voy a dejarlo, dijo ella. No sirvo para médico. No soporto el dolor.

Todo se aprende, dijo él. Y pensó, sin decirlo: Descubrirás que eres valiente de un día para otro. Además, no hay trabajo. Te matas a estudiar, y después ¿qué? Él la animó: Siempre habrá trabajo para los médicos. Especialízate en lo de los viejos, ¿cómo se dice? Geriatría. Eso, geriatría.

Una ola rara, de las que no embisten ni besan la arena, cruzó veloz de izquierda a derecha, como una mecha encendida de espuma. Todo resultaba sincero en la playa desierta: Las olas, las nubes. Una bandada de gaviotas reidoras. Galicia entera debería estar sembrada de marihuana, dijo ella de repente. Le ofreció una calada y él negó con la cabeza. ¿Sabes? Romeo y Julieta bebían vino caliente con canela y frambuesa; venga, hombre, ¡una calada! Una nube. Una ola. Y otra. Y otra.

Los Inseparables de Fisher

En el puerto de Dar Es Salaam, un muchacho le ofreció una pareja de pájaros de vivos colores. Él preguntó cómo se llamaban, pero el chaval se limitó a extender la mano libre, como si estuviese cansado de dar explicaciones que terminaban en fracaso. Con la otra, sujetaba la pequeña jaula, hecha de cáñamos y atada con lazos de junco. Por un momento, la jaula le pareció una prolongación de los dedos y las extremidades del niño, largos y delgados huesos anudados con la piel. Los pájaros permanecían acurrucados, tranquilos. Los intensos ojos negros, resaltados por un borde blanco. Azabache, recordó, engarzado en plata. Pero lo que le decidió fue la manera lánguida en que uno de los pájaros apoyaba la cabeza en el otro.

Había estado seis meses trabajando en un atunero, entre Madagascar y las islas Seychelles, y ahora volvía a casa. Un fatigoso viaje en avión, con escala en París. Seguro que con aquella pobre jaula artesanal, no pasaría los controles. Agujereó una caja de zapatos y metió dentro los pájaros. Notó que le temblaba la mano al contacto con las plumas. El marinero no estaba acostumbrado a pesos tan ligeros. Las aves desprendían el calor de una bombilla pobre. Llevó la caja en la bolsa de mano. En el aeropuerto de Orly, levantó la tapa de la caja y respiró aliviado cuando los vio vivos y acariñados.

Ya en el destino, en Galicia, la primera parada fue para comprar una jaula grande y comida apropiada. El dueño de la tienda de animales le explicó que se trataba de una pareja de Inseparables. Los Inseparables de Fisher, así se llamaban. ¡Carajo con el nombre!, dijo el marinero. Como si desconfiara de su capacidad para valorar aquella posesión exótica, el hombre de la tienda le fue guiando por el colorido del paisaje. El cuerpo verde oliva. El pico rojo. La caperuza naranja. El obispillo azul. ¿El obispillo? Fíjese ahí, en la rabadilla, le señaló el pajarero. Hay un detalle muy importante, añadió luego, mirándole de frente con un cierto recelo. Tenga mucho cuidado al abrir la jaula. Si uno de ellos desaparece, el otro cantará hasta morirse.

Un atardecer, el marinero no encontró a su mujer en casa pero oyó su voz. Se acercó a la ventana de la terraza y allí estaba ella, en el tejado, sujetándose con una mano a la antena de televisión mientras sostenía con la otra la jaula con la portezuela abierta. Llamaba a uno de los Inseparables de Fisher, posado en una de las ramas de aluminio de la antena. Sintió vértigo, miedo por ella. Durante una hora, el tiempo, más o menos, que tardó el pájaro en volver, él no dijo nada. Sólo murmuró en el código de señales del mar: Alfa Mike Oscar Romeo.

El puente de Marley

Tenía en la pared de la habitación un póster de Bob Marley y la abuela, que sólo veía lo que quería, y así estaba como una rosa, le dijo: «Muy bien, nena, ¡un Sagrado Corazón!». Y era verdad que se parecían. Marley, Jesucristo y el muchacho del puente. Lo veía pasar desde la playa fluvial, con su pelo de rasta y el andar desgarbado, pero rítmico, como si caminara sobre una cuerda floja o la línea del horizonte. Un día se cruzaron y él le sonrió. Ella amplió la sonrisa hasta que ocupó su mente. Se enamoró de aquella sonrisa. Pero nunca más vio al muchacho del puente. En aquel pueblo, la gente humilde nacía con una maleta debajo del brazo.

Cuando de verdad se casó, ya no tenía el póster de Marley ni de ningún otro. Sólo una pequeña reproducción de *Pájaros de la noche,* de Edward Hopper. La abuela, sí. Conservaba su Sagrado Corazón de Jesús, cada vez más desvaído. Era un cuadro este que la deprimía. La exposición de la víscera rosácea, con sus llagas y la corona de espinas, le parecía un icono de crueldad en la habitación de una enferma. La pintura de una cultura caníbal, que idolatraba a su víctima. Cristo, el último cristiano. La abuela mentía. Decía que sólo veía un resplandor.

Ella se casaba con una sonrisa que pertenecía a la vida. La víspera de la boda había llevado a su novio al puente y consiguieron balancearlo con el embate de sus cuerpos entrelazados. El otro enlace, el oficial, fue una ceremonia a lo grande, a la que se dejaron llevar sin resistencia, conscientes de que se unían dos apellidos, dos herencias, dos dinastías. Era día de Corpus y, al salir de la iglesia, caminaron como reyes sobre una alfombra de flores. Al principio, entre flashes y saludos, no se fijó en las estampas vegetales que pisaba despreocupada, y que docenas de manos habían compuesto en la noche.

Hasta que empezó a ver la alfombra como un cuadro que la incluía. El Espíritu Santo, una paloma de pétalos de dalia blanca. La Biblia con los lomos de cascas de pinos y el perfil de las hojas de fideos. Un Dios Padre con el cabello plateado de serrín de aluminio y el manto azul de hortensia. En la mano, un rayo negro, de granos de café, con resplandor de mimosas. Y, cuidando de no pisar el Sagrado Corazón, pétalos de rosa con corona de zarzas, al final de la alfombra, alzó la vista, buscando con angustia su propia sonrisa. Hacía años que el puente no existía.

Algo de comer

Mi madre lanzaba de vez en cuando miradas de reproche que no impresionaban a nadie, como balas de fogueo. Mi padre las esquivaba parapetado detrás de las cartas o encogiéndose de hombros. Y yo me había hecho invisible entre la bruma de tabaco que invadía la sala y que se acampanaba en nube densa sobre la ciénaga de la mesa. En camiseta, sudorosos, como una cuadrilla de soldados cansados pero tercos, mi padre y sus amigos encaminaban la partida de tute hacia el alba. Uno de ellos, el que llamaban Curtis, agitó el tronco seco de una botella de whisky. La inclinó y todos esperaron la última gota como una prueba de la que dependiese el orden del universo. Curtis, yo lo sabía de otras noches, era un hombre imprevisible. Lo que prestaba ahora, dijo después de chascar la lengua, era algo de comer.

Habían cenado horas antes. Los platos todavía estaban apilados en el lavabo de la cocina. ¡No hay nada que rascar!, exclamó mi madre, como si tratara con prófugos a los que era inútil ilustrar con oraciones subordinadas del tipo: A estas horas de la noche...

Algo habrá, dijo Curtis. Siempre hay algo. Y luego preguntó, señalando mi pecera: ¿Cómo se llama ese pez, chaval? Dragón Dorado, respondí con pánico. Mi padre encontró un bote de aceitunas en la alacena. La carne más rica es la de la iguana, dijo de pronto Curtis, con un resplandor verde en la mirada. Sin duda alguna. Pero lo más raro que comí fue la piraña grande, el *capaburros*. Hay que freírla en la manteca de sus propias tripas, como hacen los indios del Orinoco.

Dejaron la baraja a un lado y hablaron de comida. Sólo había dos cosas en las que ponían un alegre entusiasmo de hermandad: En el escarnio de algún ausente o en la comida. Mi madre se había puesto a fregar el suelo bajo la mesa, para echarlos. Pero eran gente demasiado bregada como para hacer caso a tan elemental indirecta. En cuanto a comer, todos habían probado cosas muy extrañas. Desde hostias a granel a guiso de caimán. El único que permanecía en silencio era Lens. Era también el único que no se había descorbatado. Siempre vestía como un dandy. ¿Y tú, Lens? ¿Qué fue lo más raro que te comiste? Era tardo en hablar. Por fin, escupió dos huesos de aceituna en la palma de la mano y los mostró como un tosco jeroglífico. Entonces, ¿es cierto eso que cuentan?, preguntó Curtis. No tuve más remedio, dijo Lens. Nos habíamos encariñado. Yo y aquella chica rumana del club. Él le cortó de un tajo un dedo del pie. La marcó como a una esclava. Y yo... Lens cerró el puño sobre el par de huesos. Esto, sentenció, que no salga de aquí.

El alba asomaba con perfume de lejía.

El duelo final

Él tenía aquella manía de llevar siempre la contraria. Adornaba mucho sus opiniones con juramentos y blasfemias, aunque su maldición preferida era más bien inocente: «¡Mala mar te trague!». Había una que a mí me parecía terrible y que él reservaba para atemorizar al rival en momentos decisivos: «¡Me escarbo los dientes con el Palo de la Santa Cruz!». Un día, un guardia de tráfico le pidió que se identificase, después de adelantar a más de cien por hora en una curva con raya continua, y él profirió toda una filosofía: «¡Me llamo André Dosil y me cago en Copito de Nieve y en la Raíz Cuadrada de Tres!».

Pero lo que a mí me llamaba la atención era la vehemencia con que se oponía al parecer de los demás, fuera quien fuera y fuese sobre lo que fuese. Dosil luchaba contra el mundo. Tenía un anzuelo clavado en las entrañas. Yo comprendí muy bien, mejor que en la clase de Lengua en el instituto, lo que eran las oclusivas, esa implosión que contenía por ejemplo la «p», cuando Dosil se revolvió con vehemencia contra un viajante algo chinchón que había invocado como argumento decisivo en su favor la opinión de la mayoría. Se escucharon dos auténticos petardos fonéticos en aquel templo del saber que era el bar de mis padres: «¡Me cago en la opinión pública!».

La propia manera que tenía de afincarse en una esquina de la barra del Universal recordaba a esos boxeadores que se clavan en un ángulo del ring, resistiendo la andanada inicial mientras planean el fatal contragolpe. Era soltero. No tenía amores conocidos. Y trataba a las mujeres como seres invisibles. Sólo lo vi dos veces vencido. Una fue cuando murió su madre: «Ponme una copa, chaval. ¡Me cago en la pena!».

Con la televisión luchaba cuerpo a cuerpo. Sin tregua. Nada más escuchar la sintonía del noticiario, se ponía en guardia, ojo avizor, acodado en la barra, y con las mandíbulas apretadas. Defendía a Milosevich, al presidente de Corea del Norte, a Sadam Hussein, a Fujimori, e incluso, en alguna ocasión, a Fraga Iribarne. ¿Gaddafi? ¡Gaddafi es una bellísima persona! Y como ya nadie le llevaba la contraria, se enfrentaba en voz alta a la pantalla: «¡Hijos de la Coca-Cola! ¡Me cago en Todo!».

Una noche, entró Charo en el Universal. Trabajaba en el horno de una panadería cercana. Traía en la cara el dorado de la hogaza, y una melena ondulante, del color del pan de maíz. A mí me ponía nervioso la holgura libre de su mandilón blanco. Dosil, sólo atento a la tele, la había tomado con unos manifestantes. «¡Había que caparlos a todos! ¡Me cago en la inocencia!» Y Charo le espetó: «¡No digas barbaridades, André! ¡Eres un animal de bellota!». Esperamos la réplica con pavor. Pero Dosil, ruborizado, bajó la cerviz: «¡No te enfades, Chariño! Calla el cerdo cuando canta el ruiseñor».

La medida del agrimensor

«Fuimos tristes
en el dulce aire que del sol se alegra.»
DANTE

¡Le va a devorar el frutal!

El tallo de la hiedra abrazaba el tronco del manzano como una boa. Tenía el color de la piedra lavada y una pelambre crespa, de estera, que se alisaba como un músculo tenso a medida que ascendía. Allí donde había una rama, brotaba de la hiedra una lengua bífida, codiciosa, que al besar hincaba con raíces y se ceñía con ventosas en un posesivo beso. Entre los trinos de los pájaros, se oía crecer y reptar como el sonido de un contrabajo cuando el músico deja de tocar las cuerdas.

Las hojas del manzano eran de un verde manso, que dependía del humor de la luz. Un verde que tenía edad, como las piezas de un tendal humano. En la infancia, al germinar, un verde lavanda, tierno, casi transparente. Y después estaba aquel verde alegre de la juventud, de guirnalda en domingo festivo, de paño de chaleco de gaitero en alborada. Un verde de traje de faena, un verde mandil, en días laborables, mientras se lograba el fruto. Tembloroso más tarde como el ánima de un verderón en el cielo oxidado. En el otoño, hay un día en que las nubes adquieren sonido, como el día aquel en que por vez primera Pedro Madruga incorporó la pólvora a los campos de batalla de Galicia. El verde viejo del manzano se tiñe entonces de pigmentos. Esos colores interesantes no son señales de muerte, como acostumbramos a pensar, sino estrategias para ahorrar luz y prolongar la vida.

Pero, como es sabido, las hojas caen.

En esa época, las ramas desnudas del manzano quedaban sin el porqué, en un coma profundo, mientras se sentía respirar guerrera a la siempreverde, el jadeo de su taimado avance por aquellos senderos suspendidos en el sueño.

¡Le va a devorar el frutal! Al principio, la amistosa advertencia de los vecinos tenía un deje de ironía. Quizás ese hombre no se daba cuenta de lo que estaba sucediendo en su huerta. Quizás no sabía distinguir entre el verdugo y la víctima. El árbol descansa, pero esa hiedra no. El árbol duerme, pero la hiedra es insomne. Lo va a consumir. Lo va a ahogar. Tiene estudios, pero él no debe de saber. Dicen que es un perito con carrera, pero una cosa es medir la tierra y otra conocerla. Lo que pasa dentro de la tierra no es broma. Se muere y se mata. ¿Por qué mira los avances de la siempreverde con esa indiferencia?

A mí me gustan así, confesó él ante la insistencia, sabiendo que esa respuesta sería comentada como una rareza. Pero ésa era la verdad. Lo hechizaba la hiedra, aquella lujuria oscura, incansable en el robo de la luz, sorbiendo todo para su disfrute.

Me gusta por la sombra. Es por la sombra, añadió para no parecer inconsciente.

Aquí la sombra nos la da Dios de balde, le respondieron.

Y era cierto que el país era sombrío la mayor parte del año. Vicioso de toda la gama de nieblas y la escala de lluvias. Hasta la luz de las lámparas eléctricas parecía sentir escalofríos, intimidada por unas tinieblas corpóreas que tenía que doblegar en cada anochecida. Y fuera, también en la noche, allí estaba la hiedra, ceñida al ser lisiado. Exuberante. Loba.

Quien más se preocupaba por la suerte del manzano era una mujer, Dora. Un día, en el verano siguiente, se detuvo al lado de la cerca, posó el gran cesto que llevaba en la cabeza, almohadillada con un paño, y le hizo un elogio tan sentido de aquellas manzanas que sorprendió al hombre: Si todavía fuese joven, sería capaz de robarlas. Así mismo se lo decía. Dar, ya daba muy pocas. Él había probado una y le parecía amarga y dura de más. ¡No estaría madura, hombre, que son muy sabrosas! Dora, en el encomio, con la corona del paño en la cabeza, imitó la degustación con la naturalidad de una gran actriz. Cerró los ojos, suspiró de gozo, como si saboreara un mosto, y sonrió al final, de una forma que ruborizó al hombre. En todas las hectáreas del mundo habitado, ¿cuántas escenas se seguirían dando en las que aparece una mujer, un hombre y una manzana? Ella misma se ofrecía para podar la hiedra si él quisiera. El hombre dijo: Lo haré yo, no se preocupe.

Ella lo miró con desconfianza y su despedida fue como un juramento: No lo deje morir. ¡Quedamos en eso!

Fueron las manzanas podridas, caídas al suelo, las que hicieron que el hombre recordase su promesa. Cerró los ojos y vio a Dora. El paño del mullido era un aro de luz fluorescente. Después de comer la manzana y sonreír, le decía con sorna: ¡Valiente hombre eres tú! De acuerdo, se rindió él, ¡acabemos de una vez! Y entonces se enfrentó a la siempreverde. Ese invierno, si la dejaba, devoraría definitivamente al frutal. No es que sólo fuese umbría. Se estremeció: Era la sombra. Sus hojas estaban hechas de cartílago de sombra.

Al terminar la poda, sacudió el polvo de la sombra con las manos y en dirección al poniente. Los tentáculos de la hiedra formaban un montón informe esparcido por el suelo de la huerta. Nunca antes se le había ocurrido pensar, a él, al agrimensor, que la extensión de la tristeza de un hombre pudiese abarcar tantos metros cuadrados.

Todos los animales hablan

Señor director de la revista *To Pick On:*

Como veterinaria jefe de Metamorfosis, me veo en la obligación de salir al paso ante la grosera manipulación que han hecho de mis declaraciones en el reportaje por ustedes titulado *Un asunto kafkiano: La cantante Penélope Lamar interna a su querido Ulises en la selecta clínica de salud mental Metamorfosis, después de un confuso intento de suicidio.*

Recibí con amabilidad al reportero de *To Pick On* y, con el permiso de nuestro cliente, accedí a responder a algunas preguntas sobre la personalidad de Ulises. Traicionaron esa confianza, al tergiversar una información muy delicada. Ahora lamento no haberles dado una mordedura.

Aprovecho la ocasión, y puesto que el saber no ocupa lugar ni la cultura general perjudica a la salud, incluso tratándose de la salud de los periodistas, para aclararles que ni siquiera aciertan cuando asocian el adjetivo kafkiano con el nombre de nuestro establecimiento. A ustedes puede parecerles una confusión irrelevante, tratándose de una publicación frívola y sensacionalista, por definirla con benevolencia. Además, según tuvo la gracia de explicarme por teléfono, a sus lectores les importa un pito Kafka y un carajo Ovidio, lo que demuestra la poca estima que tienen por su trabajo, su producto y su público. Por cierto, que en dicha conversación telefónica usted confundiese a Ovidio con un futbolista brasileño debería ser suficiente motivo para desistir en este empeño aclaratorio, pues es como gastar cera en ruin difunto. Pero sepa que tengo dos especialidades: la Psicología Animal y la Paciencia.

Las palabras no son inocentes y, como ya ocurría con el barbero de Kamala, la lengua afilada puede hacer más daño que una navaja. Si consultasen el diccionario, suponiendo que tengan alguno en la redacción, verían que el apelativo *kafkiano,* tan manido por los de su oficio, tiene el significado de «cosa absurda o de pesadilla, propia de las obras de Kafka». En este caso, su reiterado uso, en titular y texto del reportaje, ¡trece veces!, sumerge a nuestro establecimiento en una atmósfera de anomalía y sospecha.

En realidad, Metamorfosis debe su nombre al gran clásico latino Publio Ovidio Nasón (a propósito, y ya que trato con cotillas, le diré que el apodo de Nasón le vino dado por el tamaño de la nariz en esta noble familia). Incluso estuve tentada en llamar a esta clínica El Sueño, como uno de los capítulos de *Las metamorfosis,* donde se narra con pocas palabras el amor de Alcione, la hija de Eolo, el dios del viento, y Ceix, hijo de un astro. Tal vez, sí, tal vez la más hermosa historia de amor jamás contada.

Imagino su sonrisa resabiada y cínica, señor director. Hablar de amor en *To Pick On* es como cantar una canción de cuna en un tanatorio. Pero lo que sigue viene como anillo al dedo para el objeto de esta carta.

En resumen: Ceix se marchó en un viaje por mar, no sin antes hacer una firme promesa a Alcione: «Regresaré a ti antes de que la luna llene por completo su disco por dos veces». Pero el deseado viajero no llega en ese plazo ni después. Alcione pasea por la costa y lamenta su ausencia: «Aquí soltó las amarras, en esta playa me besó al marcharse». De repente, ve un cadáver que flota en el agua: «¡Ay, desgraciado, quienquiera que seas, y tu mujer también, si es que la tienes!». Hasta que comprueba con horror que es a Ceix a quien el mar arrastra. Y dice, fíjese en la maravillosa precisión sentimental del lamento: «¿Así, oh queridísimo; así, desventurado, vienes hacia mí?». Y entonces Alcione se arroja desde un dique, pero el viento, su padre, la alza y sus brazos se prolongan en alas. Y se posa sobre el frío cuerpo del ahogado y lo besa con su pico de ave y los dioses, a petición del pueblo, que tiene corazón para estas cosas, permiten que Ceix vuelva a la vida en forma de pájaro y la pareja se ama y anida sobre el mar.

Así contó Ovidio el origen de los alciones, que hoy se identifican con los martín pescadores.

¿Qué tal, director? No es la típica historia de *To Pick On,* pero tampoco está mal, ¿no?

Bien, ya sabe el porqué de Metamorfosis. Ahora voy a intentar responder, uno por uno, a sus comentarios del género bobo pero no inofensivos, pues la maldad del atrevido puede ser tan dañosa como una picadura de avispa o una china en el zapato.

Lo que dice *To Pick On:* «Según la directora de Metamorfosis, la doctora veterinaria Sol Doval, Ulises está dotado de una sensibilidad especial para la música. Es como si tuviese los tímpanos hechos con membrana de alas de mariposa. *Primer Guau:* ¿No me diga? Los perros y sus dueños tienden a parecerse. ¡Ya sabemos en qué NO se parecen la cantante Penélope y su perro! Él sí sabe de música. ¿Y qué prefiere? Pueees, según la ínclita doctora veterinaria, le gusta Schubert, el reggae de Bob Marley y se emociona con el fado *Estranha forma de vida* de Amália Rodrigues. ¡Lo que hay que oír!».

Mi turno: Existen medios muy precisos, por ejemplo la llamada *curva de la demanda de Dawkins,* para conocer los gustos y las preferencias de seres como Ulises, aunque mucho me temo que con su reportero sólo funcionaría el experimento de los actos reflejos de Paulov. Ulises puede expresar su deseo de escuchar, por ejemplo, *No woman no cry* de Marley de una forma no muy distinta a como nosotros seleccionamos esa canción en una gramola de un bar. Sus conocimientos musicales, por supuesto, son adquiridos en un aprendizaje y eso es más mérito de Penélope que nuestro. La capacidad de aprendizaje musical existe en muchos animales. Hay pájaros que se enamoran de los trinos de otros, y los aprenden, ¡y abandonan el suyo!, aunque también es cierto que donde mejor canta un pájaro es en la rama de su nido.

Lo que sí dice *To Pick On:* «La doctora Doval asegura, sin pestañear, que entre Penélope y Ulises existe un nivel de comunicación semejante (repito, lectores, ¡semejante!) al de dos personas en la intimidad. Preguntada si eso significa que Ulises comprende el lenguaje humano, la directora de Metamorfosis responde sin dudarlo: ¡Por supuesto!

—Entonces, ¿también entiende los conceptos abstractos como... el amor?

—El amor —responde la doctora Doval— sólo es un concepto abstracto para quien no lo tiene.

—¿Y habla? —pregunto yo, ya lanzado—. ¿Podemos decir que Ulises habla?

La doctora Doval me mira extrañada, como si preguntase una obviedad:

—¡Claro que habla! ¿Todavía no se ha enterado usted de que todos los animales hablan?

Segundo Guau: Pues no, señora, no sabía yo que todos los animales hablan. Al salir de su consulta, saludé a un pastor alemán, a un dogo belga, a un setter irlandés, a un husky siberiano y a un *palleiro* gallego con idéntico resultado: No se dignaron dirigirme la palabra. ¿En qué clase de facultad le dieron el título a esta guapa veterinaria? Un perro es un perro, por importante que sea su compañía. ¿O va a resultar ahora que es Ulises quien inspira las canciones de amor de Penélope? Por nuestra parte, estas declaraciones nos ratifican en lo que ya hemos apuntado: La cantante está como una cabra, y la psicóloga de animales, tocada del ala.»

Mi turno: El reportero recortó a propósito la mitad de mi argumentación para construir la caricatura que él ya tenía prevista. Es cierto que dije que todos los animales hablan. Y lo repito: Todos los animales hablan, incluso los periodistas de *To Pick On.* Pero omitió adrede una cita fundamental de Ludwig Wittgenstein que daba sentido a mis palabras: «Si un león pudiese hablar, nosotros no lo entenderíamos». En cuanto a la relación de Penélope Lamar y Ulises le dije que podía ser, en cuanto a afecto, tan estrecha como la de dos personas...

o dos perros. Depende de cómo se mire. Es una forma de hablar. Lo explica de una forma muy sencilla Stephen Budiansky: «Es un lugar común decir de un perro que se comporta como un humano, pero un mejor análisis de la situación sería decir que el perro piensa que nosotros somos perros». Por otro lado, ¿qué hay de malo si fuese cierto que Ulises inspiró las canciones de amor de Penélope? Los hermosos sentimientos enriquecen a quien los tiene y es capaz de expresarlos, independientemente de la naturaleza del destinatario.

Éramos conscientes de que este asunto se prestaba a la burla y al morbo si llegaba a oídos de indeseables sin escrúpulos, como por desgracia así ha sido. En una ocasión atendí a una elefanta de circo. Le habían puesto demasiada anestesia, cinco litros, para operarla de una muela y no pudimos hacer nada para salvarla. El domador lloró de pena. Y me contó que hablaba con la elefanta en cuatro idiomas, pero que en la intimidad sólo se dirigía a ella en italiano, *Oh, la mia piccolina!,* y la hembra lo rodeaba con su trompa y lo levantaba en el aire. Cuando yo estoy enferma, mi gato sale al parque y me trae ratones a casa.

Lo que dice *To Pick On:* «Pese a nuestra insistencia, la doctora Doval no aporta una explicación convincente sobre las causas del internamiento de Ulises en la clínica Metamorfosis. Se habla de un intento de suicidio, ¿es eso posible en un perro? "Claro que es posible", responde la doctora con su facundia habitual. "Los animales también sufren depresiones que pueden conducirlos a la desgana de vivir." Todo parece indicar que la feliz vida de Ulises se torció cuando entró en escena el batería del grupo *O Artilleiro Flanagan,* con quien Penélope inició lo que se llama un apasionado romance. ¿Puede un animal sufrir un desengaño sentimental?, preguntamos a la doctora. "¿Y usted qué piensa?", me dice ella clavándome su mirada del color de la azurita sobre blanco de plomo. *Tercer Guau:* Aquí, con perdón, hay gato encerrado. Hay rumores para todos los gustos, algunos incluso de mal gusto, pero que nosotros, cumpliendo con el sacrosanto deber de informar, no podemos dejar de consignar. ¿Estamos ante una operación publicitaria? Un drama con animal por medio enternece a un mundo que cada vez se parece más a Disneylandia. ¿Será cierto que Ulises entró en la clínica con una herida de bala y a las puertas de la muerte? ¡La respuesta en el próximo número de *To Pick On*!».

Mi respuesta AHORA: Comenzaré por el final, pues se trata de una grave insinuación. Si fuese cierto lo que se apunta como rumor, yo sería la primera en denunciar el hecho. Después de lo expuesto, ¿cree alguien que permanecería impasible ante el intento de asesinato de un perro? No. Una cosa es que Ulises se sienta «como si le hubiesen pegado un tiro» —ésa fue la expresión de mi ayudante— y otra que se lo hayan pegado. Lo que sufre nuestro paciente es una depresión profunda que sólo se puede superar con el tiempo y la medicación. El arrogante reportero despreció la amplia explicación que le di sobre el padecimiento mental en los animales. A veces, y al igual que ocurre con las personas, por motivos de apariencia banal. No hace mucho, atendí a un caballo, un auténtico campeón, que de repente se negó a correr en los hipódromos. Creían que tenía un problema fisiológico

no detectado y lo intentaron todo con la mulome-
dicina. Al final resultó que no le gustaban ni el color del establo, recién repintado, ni un nuevo cui-
dador, que llevaba un bigote a lo káiser. Eran los
típicos caprichos de una estrella del deporte. Pero
tenía sus razones. Antes lo cuidaba una mujer con
manos de seda y crines negras, brillantes y lisas
como el azabache. El caso de Ulises es, al tiempo,
más sencillo y más complicado. Tiene el corazón
partido. Se niega a comer. Y odia la música folky de
O Artilleiro Flanagan.

Eso es todo.

Lamento que hayan lesionado mi honor
profesional y comparto la amargura de Charles
Darwin cuando, ante las embestidas de la ignoran-
cia, escribía a un amigo: «Debería haber sido usted abogado en vez de botánico».

Chiapateco

Me gustaría llegar a viejo para decirle a un nieto que tenga que no cace grillos. Que no los espante. Que no los haga salir del agujero con su meada. Y para explicarle el porqué.

Me gustaría llegar a viejo pero no es probable que llegue. Como dicen en los pronósticos del campeonato de fútbol sobre los equipos modestos, las posibilidades de que yo llegue a viejo son más bien remotas.

Además, antes de llegar a viejo, tengo que nacer.

Pese a lo que digan, nacer no es nada fácil. Es más bien complicado. Si tuviese a mano unas estadísticas, podría demostrarles cómo existe una íntima relación entre las tasas de natalidad y mortalidad. Si lo expresamos gráficamente, la esperanza de vida sería como un arco tensado entre una y otra tasa. Ese arco está hecho de piel que se va curtiendo. Al tacto, la última capa de piel es como la espiga de maíz pero sin granos de maíz.

La piel de la tasa de mortalidad es áspera. Podrías encender una cerilla en el dorso de sus manos.

Alguien le contó a mi madre que hay sitios en los que los niños nacen en el agua, en una piscina a 36,5 grados centígrados de temperatura. Los bebés salen al mundo flotando con suavidad, como sueños acunados en un pentagrama. El cordón umbilical enlaza lo real con lo imaginario. Cuando se cortan, el niño que era cuento se hace real. Su hermana dibujó para él una linda casa con porche y flores en el alféizar de las ventanas. Y cuando cortan el cordón, también la casa con flores se hace real.

Yo ya pertenezco a la realidad antes de nacer. No soy un cuento. Soy un problema. Cuando mi madre va a la ciudad, algunos la miran como si llevase un saco de problemas en el vientre. Pero ella, pese a todo, me lleva de buena gana, como si cargase con una saca de maíz de colores.

Y si nazco a destiempo será por un susto. Por un susto grande. Como los que hacen salir a los grillos de sus agujeros.

Mi hermana pinta sustos en la escuela. Cuando corten el cordón que me une a mi madre, esos sustos se harán realidad. Vendrán los que pisan el maíz.

Me gustaría llegar a viejo para explicarle a un nieto que tenga: Están los que plantan el maíz y los que pisan el maíz.

A mí lo que me gustaría de verdad es nacer y no nacer. Que nadie cortase el cordón hasta que se acabaran los grandes sustos. Cuando mi madre plantase el maíz, yo cantaría como un grillo al sol. Y cuando llegasen los de los sustos, con sus botas herradas pisando el maíz, volvería otra vez al vientre de madre, a 36,5 grados centígrados.

Pero ya he nacido y me han cortado el cordón y estoy en la escuela y pinto sustos porque han vuelto a callar de miedo los grillos.

El estigma

Por la noche, en mi ventana del Hogar de la Milagrosa, busco una estrella. La estrella de la que vengo. ¿Será aquella que pestañea como si me quisiera decir algo? ¡Hola, Estrella! Emitiendo para un sistema exterior, emitiendo para un sistema exterior. Aquí Desterrado.

Posición:

Golf Alfa Lima India Charlie India Alfa

¡Bah, ni puto caso!

Hoy vi un documental en la tele que me ratificó en mi teoría. Explicaban que la vida llegó a la Tierra en un meteorito o algo así, como un ómnibus caído del cielo. De hecho, la Tierra se fue haciendo redonda y con la gravedad dentro a fuerza de hostias, como la saca que golpea y golpea un boxeador.

Dios: ¡El Gran Boxeador!

¡Joder! ¿Cómo no se me había ocurrido antes?

No sé el resto, pero desde luego Moisés y yo somos extraterrestres. Dicen que aparecimos en la puerta del orfanato, criaturas de Dios, etcétera, etcétera. Pero ése es un cuento de Madán Titín que se cree todas las películas, empezando por esa de la Biblia. Tiene cruzados los cables de la realidad y el sueño. Es de esa clase de personas que cuando les van a poner una multa de tráfico piensan que el policía se dispone a darles un décimo de lotería. Libraría de la condena perpetua al peor criminal a cambio de un villancico bien cantado el día de Nochebuena. Le pone buena cara a todo y a todos. Sobre todo a nosotros, los que tenemos el Estigma.

Eso se lo oí una vez, escuchando detrás de la puerta. Que teníamos el Estigma y que nos lo tenían que quitar.

Madán Titín discutía con el inspector Coñubra. Él venía poco por el Hogar, pero creo que era el verdadero jefe.

—A estos niños hay que liberarlos del Estigma —decía ella como si le fuera la vida en el asunto—. No pueden llevar el Estigma sólo porque sus padres murieron de lo que murieron.

—Desengáñese, señora. El Estigma lo llevarán siempre —afirmó él con aquella voz que metía frío en el cuerpo—. El Estigma no depende de usted ni de mí. Depende de la sociedad, del sistema. ¡Usted fue la primera que se atrevió a darles de de comer sin ponerse guantes en las manos!

¿Lo ven? ¿Ven cómo somos de un planeta muy lejano? Tenemos algo que los demás no tienen: El Estigma. ¿Y qué me dicen de los guantes? ¡Joder! ¡Había que darnos de comer con guantes!

A Moisés no hay más que verlo para darse cuenta de que no llegó al portal en un cesto sino en algún vehículo extraño, a propulsión. Incluso cuando duerme, como ahora, es un ser raro. ¿Desde cuándo un chaval de catorce puede emitir esos ronquidos que atraviesan la noche y el espacio a miles de decibelios? ¿Se estará comunicando por su cuenta con el Exterior?

Cuando despierta, le digo: «¿Oyes, Moisés? Tienes dentro una orquesta de burros desafinados».

Y Moisés va a mirarse en el espejo con la boca abierta, a ver si tiene burros dentro. No es tonto. Es que no comprende bien el lenguaje terrícola, que es muy falso. Él toma todo, como quien dice, al pie de la letra.

Si tú le dices que tiene burros dentro, pues le parece raro, claro, pero él cree en lo que le dices. No conoce el Doble Sentido, que es el sentido más importante de los humanos. Cree en lo que dices. Confía en ti. Y entonces va a mirar si es verdad que tiene burros dentro. Y le sorprende mucho no encontrarlos.

—¡No ha, ho! —me dice señalando la boca muy abierta.

—Era una broma, Moisés. ¡Una broma!

Y entonces sonríe, algo mosca, pero sonríe: «Paz bromista».

Pero ¿por qué carajo me tuvieron que poner Paz de nombre? Le pregunté a Madán Titín que quién había sido el culpable y no quiso confesarlo. Es uno de los secretos mejor guardados de la Tierra. A ver, ¿quién fue el cabrón que le puso al chaval el nombre de Paz? ¿Cree alguien que se puede circular por la vida con semejante nombre? ¿Nombre? Paz. ¿Cómo? Paz. El tipo tiene que sujetarse la barriga para que no se le salgan las tripas de la risa. Madán Titín explica que seguro que fue con la mejor intención. No me lo creo. Si fuera así, ¿por qué no me llamaron, por ejemplo, Triunfo?

—¿Cómo dice que se llama?

—Paz Estigma.

—¡Las desgracias nunca vienen solas, chaval!

Moisés, como estaba explicando, es un tipo muy sensible. Hay que tener cuidado con lo que le dices. Un día salió al patio muy contento con el balón de fútbol que le regaló Madán Titín y me hizo gestos para que bajase. Pero yo estaba anclado a la ventana y no tenía ganas de moverme. A veces, muchas veces, me pasa eso. Que no quiero salir de al lado de la ventana. Pongo el walkman y me paso el día aquí, clavado, mirando hacia afuera como si todo fuese una película. ¡Sucede cada cosa! El otro día, en la calle que hay tras el muro del Hogar, casi se matan dos tipos que discutían por el sitio donde aparcar el coche. Uno de ellos cogió una porra, tipo policía, y entonces fue el otro y abrió el maletero y sacó un bate de béisbol. ¡Qué espíritu deportivo! ¡Qué bien pertrechada anda la gente! De no ser por el señor Francisco, que les apuntó con la manguera de regar, aquello hubiera terminado en choque de civilizaciones, en baño de sangre, con los melones abiertos y los sesos por el suelo. Lo más curioso es que los dos coches eran una mierda. Ni me acuerdo de las marcas.

Volviendo a Moisés, el caso es que me hizo gestos para que bajase a jugar con él, pero yo me quedé parado, sin responder. Lo que pasa es que él es muy persistente, qué terco es. Y seguía allí, con el balón en brazos, como si fuese una estatua de Mano de Vaca, un portero de fútbol de quien siempre habla el señor Francisco, y que era bizco y paraba todos los penaltis.

Por fin, le grité, sin malicia ni nada, sólo por decirle algo: «Mira, Moisés, ¡tírate al mar!». Y fue el muy animal y saltó el muro y allá corrió a todo correr hacia el mar del Orzán. De no ser por el señor

Francisco, que hace de jardinero y vigilante, y que fue detrás, se hubiera lanzado con balón y todo, como un delfín, en las frías aguas del océano.

¿Será el Estigma lo que hace roncar a Moisés como si naciese una borrasca en su pecho? Yo no ronco, pero, al parecer, soy algo sonámbulo y dicen que me paso la noche pegado a la ventana, como hoy, o que ando por el jardín muy ligero, como si tuviese alas, con los pies descalzos y a un palmo de la tierra.

—¡Eso sí que no! —dijo Madán Titín—. Creo todo menos que un hombre pueda volar. Y queda muy mal en los cuentos.

—Pues vaya creyéndolo —le contestó el señor Francisco—. El chaval vuela. Va muy bajo, pero vuela.

El señor Francisco contó que me encontraron una noche de luna sentado en el tejado. Y yo le pregunté si tenía pinta de hombre lobo y si aullaba.

—No —me dijo muy serio—. Sólo hacías globos con la goma de mascar.

Cuando mi amigo se despierta, le digo: «¿Oyes, Moisés? Ya sé por qué roncas. Creo que de pequeños nos pusieron algo en el cuerpo, un aparato miniatura bajo la piel, un chip o algo así».

—¿Un chip? —repitió extrañado.

—Sí, un cacharrito, un emisor, algo así. También se lo ponen a los perros en Europa para tenerlos localizados. Eso es lo que hace que tú ronques y yo sea sonámbulo. Nos provoca alteraciones. Tenemos que descubrir dónde lo llevamos. Lo llaman el Estigma.

Tal como yo esperaba, Moisés se fue por la mañana a toda velocidad a la búsqueda de Madán

Titín. La quiere mucho. Y le preguntó: «¿Dónde tenemos el chip?».

—¿Qué dices de chip?

—El del Estigma, ¿dónde lo tenemos?

—¡Déjate de estigmas! ¿Quién te ha contado esa tontería? ¿Fue el alocado de Paz, a que sí? Hala, ¡a ducharse!

Lo pasábamos muy bien en la ducha. Nos enjabonábamos el uno al otro hasta formar nubes de espuma. Moisés sentía cosquillas en todas partes. Me hacía gracia verlo reír como una criatura, grandullón como era. Ahora que lo pienso, pegado en la noche a esta ventana que me hace viajar por los años como si todo sucediera hoy, fue una época bastante feliz aquella del Hogar, cuando andábamos buscando el Estigma como quien busca un pequeño aguijón bajo la piel.

El leikista

—¡Un poco de tristeza, señores! —rogó el fotógrafo.

Como si saliese de la madriguera mal cerrada de la muerte, aquella boca entreabierta y con faltas dentarias, un grillo desandaba los montes del cuerpo yacente que cubría una sábana blanca. En lo alto de la pared donde apoyaba el cabezal de la cama, un flash de mayo entró por el foco mal encuadrado de un ventanuco. El músico se detuvo en el valle del bajo vientre, abrió las alas, y tocó con mucho brío un allegro. Quien tenía que llorar, reía.

Aquel velatorio parecía una fiesta y el fotógrafo se vio obligado a pedir compostura. Consiguió que los niños dejasen de corretear alrededor del difunto y que la familia posase como Dios manda. Pero mantenían la sonrisa a la vera del muerto a la manera de una partida de cazadores delante de un lobo cobrado.

Fue entonces cuando él pidió tristeza.

—¡Un poco de tristeza, señores! ¡Un poco de tristeza!

Años después, el muerto llamó al timbre del fotógrafo en la ciudad. Tuvo cuidado de apartarse de la mirilla de la puerta. El fotógrafo estaba sentado en el salón, al lado de la galería acristalada que daba a la ensenada del Orzán. Anochecía en sepia sobre todas las cosas. Pero el fotógrafo no reparaba en la posta de la puesta del sol que redoraba las aguas y barnizaba también los materiales innobles que encontraba a su paso en la brutal fachada urbana. Tenía la mirada clavada en el vaso, en aquella sima donde emergían las imágenes perdidas.

—¡Otra vez borracho! —le diría su mujer al volver, como un eco mil veces escuchado.

—Es líquido para revelar —respondería él, con otro eco manido.

Le pareció raro, no era la hora habitual y tenía llave, pero pensó que era ella la que llamaba a la puerta. ¿Quién, si no? Era la casa particular, se habían mudado hacía poco tiempo, ignoraba como invisibles a los vecinos, y no podía esperar la visita imprevista de un amigo por la simple razón de que había borrado de su mente el concepto mismo de la amistad.

Se levantó, espió por la mirilla y no vio a nadie. Pensó en las antiguas fotos perdidas, hechas sin filme, y que ahora no se le iban de la cabeza. Decidió, por fin, abrir la puerta. No, el muerto ya no estaba. Se había ido, otra vez, sin reclamar su copia.

El protector

La vio llegar. Traía una bufanda azul celeste y una chaqueta de lana verde y roja, como un campo de amapolas. Pese a las ojeras, tenía esta mañana una mirada luminosa y serena. La miel de los ojos había sustraído el brillo sacudido por sorpresa de la helada. En el invierno de Uz, hay que decirlo, el sol era un forastero. La mayor parte de los días, en la humedad sombría, la vaharada del aliento quedaba estática en el aire, pegada a la boca, como los *bocadillos* con que hablaban los personajes del cómic que hasta entonces había estado leyendo el guardia.

Si se dio cuenta de la miel de los ojos fue porque las otras veces sólo había visto en ellos otra cosa: El terror.

Era atractiva. No espectacular, es decir, muy atractiva, pues lo era con descuido. Los cuadros que pintaba le parecían al guardia, él, que se apresuró a decir que no entendía nada de arte, de una belleza cegadora. Preferiría no haberlos visto. Porque desde ese momento, sin él tener ningún propósito, supo que, de tenerlo, sería inalcanzable. No por complejo de inferioridad cultural o algo así, sino por otro tipo de distancia, una cosa que tenía que ver con la ley de la gravedad, lo centrípeto y lo centrífugo, y otros oscuros conceptos que se le mezclaban entre los recuerdos de la escuela y la balística.

Ella se desplazaba en bicicleta. También él preferiría que no fuese así. Tardaba más en desaparecer. Al pasar, dejaba una estela en la retina. Se prendía al paisaje.

Siempre pensó lo mismo. Lo que pensaba ahora: ¿Por qué no te vas? ¿Por qué no te largas de una puta vez?

No podía entender cómo alguien pudiese dejar Madrid para venir a vivir aquí. Y más, siendo artista. ¡En Uz, en una casa solitaria!

—¿Otra vez?

—Otra vez.

—¿Toda la noche?

—Toda la noche.

—¿Los mismos ruidos?

—Los mismos. Piedras en el tejado. Como un reloj. Primero pequeñas, ruedan como canicas. Luego, más grandes. Sólo pararon una hora, de tres a cuatro, más o menos.

—A esa hora pasamos nosotros por allí.

—Ya lo sé. Vi las luces del jeep.

—Pero luego volvieron los ruidos. ¡Es para enloquecer!

—Hice unas averiguaciones. Los vecinos dicen que ellos no oyen nada.

—¡Por favor! Yo ya sólo confío en usted. ¡No estoy loca! Sé que lo murmuran por lo bajo, pero no es verdad. ¡No estoy loca!

—Tenga paciencia. Quizás es algún chico joven, algún bromista. La gente bebe y luego hace cosas raras.

—¿Todos los días, uno tras otro? No, no es un bromista. Tiene que ser un degenerado. ¡Un psicópata!

—Tranquilícese. Todo se arreglará. Esta noche volveré por allí. Haré unas rondas. Quienquiera que sea, acabaré atrapándolo.

Y volvió. Toda la noche. Primero, piedras pequeñas, como canicas. Luego, cantos rodados. Como un reloj de péndulo que golpea la noche con sus pesas. ¿Por qué no te vas? ¿Por qué no te marchas de este maldito infierno?

La gasolinera

Cerrar cerramos a las doce. Si pudiese, me fumaría esta media hora que se hace una eternidad. ¿Quién va a pasar por aquí ahora, una noche como ésta, con este viento que arroja puñaladas de frío, que hace temblar a los brezos? El atracador. El famoso atracador de las gasolineras. El Atracador Fluorescente. Dicen que monta una Golden Star y que cuando pasa es como si pasara un rayo a ras de la carretera. Dicen que lleva un foco en el casco, como el de los mineros, que enciende al descabalgar y que te ciega. Es curioso que no haya venido nunca por aquí. Atracar atracó todos los alrededores. De Carballo a Santa Comba, de Santa Comba a Cee. Pero por aquí no pasó nunca. Quizás desprecia las bajas recaudaciones. Ésta es una carretera secundaria, que ya es mucho decir. Cuando llega este tiempo, yo creo que se borra del mapa. Más que una gasolinera solitaria parece una plataforma marítima. ¡Mirad el oleaje de los eucaliptos esta noche! ¿Escucháis la furia del temporal en el tren de lavado? ¿A que la pradera tiene algo de mar arbolada?

No puedo largarme porque, si me diera por ahí, justo a las doce aparecería el jefe. No falla. Podría venir antes, pero no. Éste estira los minutos. Si por él fuese, me tendría aquí toda la noche atado a una cadena por si viniese el demonio a repostar gasóleo. La que ya pasó fue la furgoneta de las chicas de alterne. Las van repartiendo por los clubs de carretera. ¡Qué pena que hoy no parase a repostar! Al principio, no era capaz de mirarlas. Me daba corte. No sé. Siete u ocho mujeres ahí metidas, muy morenas o muy rubias o las dos cosas, con aquellos ojos tan grandes, de nieve negra o así. Me hacía el ocupado, viendo correr los números en el contador. A veces pienso en los kilómetros de vida. La vida de las personas es como la de los coches. No sé si me siguen. Hay coches con muchos años y pocos kilómetros. Eso quiere decir que duran mucho pero vivieron poco. Yo tengo pocos años, pero, desde que trabajo aquí, tengo la sensación de que viví la tira de kilómetros. La gente, una pareja joven, por ejemplo, se detiene y el conductor te dice con alegría: «¡Lléname el depósito, por favor!». Bien, pues estoy dándole kilómetros de vida. Echas cuentas: ¿Qué harán con todos esos kilómetros? ¿Cuántas veces follarán en la ruta? ¿Escucharán la Vaca del Viento en Fisterra o a Jarbanzo Negro en la Feria del Queso de Arzúa? Y otras veces es al revés. Alguien te entrega un billete arrugado y te dice con voz ronca: «¡Para lo que dé!». Parece que está pagando muy barato un tramo último, decisivo. En este caso sirves el combustible con algo de remordimiento.

Cuando para la furgoneta de las chicas de alterne, con sus ojos de nieve tizón, yo no sé qué sentir. Echo mano de la Reserva de Kilómetros Extraños, una mezcla de superexcitación y diesel de vergüenza. Menos mal que me dejé crecer mucho el pelo, melenas que me protegen de las rachas heladas. Si no, ellas verían la intensa fluorescencia colorada de mis orejas, esa enfermedad profesional del mozo de gasolinera.

Al volante de la furgoneta de las chicas de alterne va un hombre con un mostacho que parece un matajuntas sobre la boca y dos bolsas oscuras bajo los ojos, como si guardase en ellas miradas caducadas. En el otro asiento delantero, a veces va una de las mujeres y a veces va la propia noche allí sentada. La última vez que pararon, la joven que iba delante me sonrió. Llevaba polvo de estrellas en los párpados. Y yo recogí y guardé aquella sonrisa con la esponja de limpiar el parabrisas. Fue una cosa rara. Nadie te sonríe en esta carretera, como si hubiese una señal de prohibido.

Esas luces no son las del coche del jefe. Qué va. Un camión frigorífico. Dos hombres en la cabina. El copiloto consulta el mapa. «¡Lleno!», escupe el conductor cuando le doy las buenas noches. Abro la tapa del depósito. Me dispongo a llenarlo de kilómetros helados con pálido olor a peces muertos.

¡No puede ser!

El instinto me aconseja que permanezca en calma. Una ojeada al contador. Silba. Eso es.

No, no puede ser.

Otra vez los gritos ahogados. Los golpes. Hay alguien ahí dentro, golpeando en las paredes de la cámara frigorífica.

Haz como que no oyes. Él mira por el retrovisor. Lo veo de reojo, por las persianas de las melenas.

Disimula. Silba. Claro que...

Si silbas, es peor. Otra vez los golpes. Las voces. Más fuerte. El golpeteo desesperado dentro de la cámara.

Hay gente ahí dentro.
No puede ser.

Le tiemblan las manos. Se equivoca con el cambio. Un acto de valor en el momento decisivo. Entre las cortinas deshilachadas de las guedejas, intenta fotografiar con la mirada al conductor. Éste, de arriba abajo, toma la vuelta: «¿Algún problema, chaval?».

Una mirada al compinche como quien dice: «¡Venga, hombre! Tenemos faena. Trae las tijeras, la máquina de esquilar y el desatornillador. Vamos a ver qué es lo que tiene en la cabeza este chaval. Desatornilla aquí, en la tapa del cráneo. ¡Así que era esto! ¡Una placa fotográfica! ¡Me habías hecho una foto sin permiso, cabrón! ¡Y por qué has tardado tanto en llenar el depósito? ¿Qué hacías ahí detrás? ¿Eres curioso, eh? ¿Te gusta meter la picha en todos los culos, verdad? ¡Fíjate en lo que hay aquí! ¡Justo al lado de los neurotransmisores de la Asociación de Ideas y de la Ruta Encefalográfica de los Sentimientos y del Sistema Binario Prestación / Denegación de Auxilio! Justo ahí, ¡una grabación! Veamos el título. ¡Ajá! *Las voces de la desesperación frigorífica*. Sentenciado, chaval. ¡La cagaste!».

No, ningún problema. Gracias y buenas noches. Incluso consigue forzar una sonrisa boba.

Cuando por fin llega el jefe, frotándose las manos, dedos activos contra dedos pasivos: «¿Qué, cómo fue todo? ¿Pasa algo? ¿Te comió la lengua el frío? ¡Hostia, chaval! ¿Qué le pasó a tu pelo? ¿Qué es lo que miras con tanto miedo? ¿Me oyes? ¡Me cago en ningún dios! ¡Muévete! ¡Estás helado!».

Próxima la música de un walkman, el mo-
nótono bramar del mar de los árboles. Más todavía, él se sumerge y bucea hacia un profundo hogar.

La limpiadora

Tenía dos relojes despertadores. Uno en la habitación, sobre la mesilla de noche, pequeño y de metal macizo, que emitía un sonido intermitente, bajo y penetrante, una señal acústica de aparato clínico que en el sueño era un punto verde que iba y venía como una rana menuda en la charca de la luna. El otro, el que dejaba en el suelo del pasillo, al otro lado de la puerta de la habitación, era grande y estruendoso, como suelen ser los relojes baratos. Estaban cronometrados con una diferencia de cinco minutos. Al primero, lo aplastaba como si fuese un bicho, con la vana esperanza de que el tiempo se detuviese. Pero el segundo repicaba sin compasión y, somnolienta, se levantaba y lo acallaba de una palmada, como si fuese un perro inquieto.

Cogía el primer metro, en Dollis Hill. Había otras mujeres a las que saludaba con una complicidad amodorrada. Con el tiempo, a lo largo de los años, había ido conociendo una especie de red secreta. Limpiadoras de casas, de oficinas, de tiendas, de grandes almacenes, de hospitales, de cines, de escuelas, de museos. Del Parlamento, en Westminster. Entre ellas, podrían describir el mapa oculto de Londres, con sus rincones y escondrijos. El Londres del desaliño, con sus manchas, sus lanas de polvo bajo las camas, sus papeles difuntos y envases vacíos. Su basura. Había conocido de todo, incluso la aristocracia más cutre, pero también se había encontrado con hogares cálidos, que parecen limpiarse solos, como hace con las calles la bayeta de la lluvia soleada. «¡Se casan los lobos!», se exclamaba en su tierra cuando ocurría esa cosa tan linda, el cruce de lluvia y luz.

Así era la casa que le tocaba ahora, en Chelsea, después de limpiar el 12 Bar Club en la calle Denmark.

Abría la puerta, descorría las cortinas de la sala y los objetos de adorno, entre los que abundaban las figuras y las máscaras africanas, talladas en marfil o madera oscura, parecían desperezarse, lavarse con la luz húmeda y saludarla: «¡Se casan los lobos, Raquel!». La parte de atrás de la casa daba a un pequeño jardín, con un césped de corte perfecto, recortado al fondo por una rocalla que ascendía en terrazas, como el acantilado de una isla que esperase la embestida de un mar verde. Había algo más que le hacía agradable la estancia. Estaba siempre sola. El primer día, la mujer que la contrató le mostró la casa y le enseñó el funcionamiento de los electrodomésticos. Al moverse, y lo hacía con una enérgica desenvoltura, parecía ejecutar una tabla gimnástica. Era esa clase de mujer madura que mantiene a raya el buril de la edad y el torno del peso, que se entrena aparte en la carrera contra el tiempo. Raquel pensó que había algo en ella de la misma materia que las figuras de la sala. Llevaba gafas. Unas gafas de lentes gruesos que, lejos de avejentarla, y con su pelo rubio y corto, peinado hacia atrás con gel, le daban un aspecto de nadadora que había atravesado la noche a braza.

En realidad, el retrato de aquella mujer lo había ido perfilando con el paso de los días. Le llamaban mucho la atención las notas en papel *post-it,* amarillas, adheridas en el espejo del cuarto de baño. Un día leyó: «Creían en la verdad, pero sólo la usaban en casos de emergencia». Otro: «Escarlata O'Hara no era bella, en realidad, pero los hombres no se daban cuenta». Un día: «Si eres hombre, pon la mano en la llama». Y al siguiente: «Me encanta jugar con fuego».

Todas las notas tenían el mismo tipo de letra. La letra de la mujer que le dejaba sobre la mesa de la cocina algunas instrucciones escritas. Un día tuvo que repasar el papel una y otra vez para ver si había comprendido bien: «Por favor, hable con las plantas».

Era cierto que algunas de las plantas estaban marchitas. Sobre todo, una flor de Pascua. Las regaba y mantenía cerca de las ventanas. Con las tijeras de cocina, con delicadeza, podaba las hojas secas. Pero ¿qué les iba a decir a las plantas? ¿En qué idioma les hablaría? ¿Y si aquella mujer estaba loca?

Miró fijamente hacia la flor de Pascua. Melancólica. Los nervios contraídos de las hojas. Un color de ictericia apagaba su esplendor rojo. Y le dijo: «¿Qué? ¿Tienes frío, bonita?».

Escucha. Voy a contarte una historia.

Era una chica que decidió emigrar el mismo día en que su antiguo novio se casaba con otra. Sólo sus padres sabían que estaba embarazada. A nadie más se lo dijo y ellos guardaron el secreto. Había asumido que tenía mala suerte. No sólo ella sino toda la familia. Había un destino de carácter que marcaba, como blasón en el entrecejo, cada

casa de la aldea. Había los mañosos, los juerguis-
tas, los avaros, los rebeldes, los traidores, los justos
o los mentirosos. Incluso había una casa en la que
había pasado algo que no se podía contar. Su familia era muy normal. Simplemente, era la de la
mala suerte. Su padre, huyendo de la mala suerte,
había trabajado una temporada en el mar, pero tuvo
que dejarlo. La fama de los hombres corre a veces
por delante de ellos. Así que cuando llegaba a un
puerto ya le veían cara de mala suerte. Cuando el
novio la dejó, ella no le fue a pedir explicaciones,
pese a la dolida insistencia de la madre.

Escucha. Hay cosas por las que jamás hay
que pedir explicaciones.

Así que se marchó. Su intención no era pro-
piamente emigrar sino desaparecer. Apartarse para
siempre de los raíles de la vía de la mala suerte. Lo
primero, desde luego, era no tener la criatura. Nadie a quien traspasar los recibos. Entre las direccio-
nes de Londres, llevaba la de una clínica. En principio, vivió en la vivienda de una prima que había
emigrado cinco años antes, en 1969, y que vivía en
Cornwell Crescent. Un día, un día luminoso como
éste, se sentó en un banco en Queens Park. Estaba
cansada de haber subido la cuesta de Ladbroke Gro-
ve desde Portobello. Al lado de un seto de mirtos,
había un chiquillo muy silencioso, al acecho de no
sabía qué, con una botella entre las manos, con la
boca tapada con el pulgar. Tenía el pelo rojizo y
con pecas de manzanilla en la cara. Mordía los labios al andar sigiloso. Por curiosidad, siguió de
reojo sus movimientos de chaval felino y se dio
cuenta, estremecida, de que lo que el niño hacía
era cazar avispas vivas. Ella conocía bien el unifor-

me de las avispas. Su abdomen amarillo. Las listas negras. Su aguijón.

Cuando el chaval se acercó más, ella le preguntó, con las cuatro palabras de inglés que sabía, que cuál era su nombre. Y entendió Ismael.

Se quedó sin pensar. También ella tenía pecas del color de la manzanilla. Se llevó la mano al vientre y dijo: «Bien, Ismael o como te llames. ¡A ver si eres capaz de cazar avispas vivas con las manos!».

La casa de las gaviotas

«¡Francisco Reis, estás preciosa!» La voz de mi madre sonaba como un altavoz de la Tómbola de la Caridad. Yo me tapaba los oídos.

—¡Mira qué guapo va!

Pero yo no quería mirar, no. Escondida en el rincón más oscuro del cuarto, acurrucada entre las muñecas como la más atónita de ellas, escuchaba las llamadas y las risas de mi madre en un todo mezclado con el chiar y el andar de zancos de las gaviotas en el tejado, justo sobre mi cabeza. Mi madre, venga a reír, me buscaba y tiraba de mí señalando victoriosa hacia delante con la barra de labios.

—¡Venga, nena, no te avergüences! ¡Pero si está bárbaro, está chévere, nuestro cabezón!

Y allí estaba él, muy serio, mirándose a un espejo que era incapaz de abarcar el cuerpo entero. Yo tenía la impresión de que todos aquellos postizos, los pechos, la peluca, las pestañas, los pendientes, los adornos todos, eran conscientes de su falsedad e intentaban huir de él.

De mi padre.

De mi padre que, ignorando mi horror, mi desconsuelo, mi desengaño, gira con torpeza sobre los zapatos de tacón para levantar, ¡cielo santo!, el vuelo del vestido blanco. Porque éste era el año que le tocó ir de Marilyn. Estoy viendo las tiras del traje de bailarina, ceñidas como cinchas a sus musculosos hombros de tritón. Cuando yo quería presumir con las amigas, les enseñaba la foto en la que él aparecía en el selecto grupo de los nadadores coruñeses que habían sido capaces de ir a nado por las frías aguas del Atlántico hasta Ferrol. Pero en ese momento, como de hecho así fue durante muchos años, estaría dispuesta a renegar de mi padre.

—¡Eh, Rosa! ¿No es ése tu padre?

Y yo, sin querer mirar: «¿Quién? ¡Tú estás loca!».

—¡Perdona, chica! ¡Se parecía tanto!

Ése fue el Año de la Caperucita Roja. ¡Dios, qué vergüenza! Claro que era él, con sus dos colegas, Diego Mouriz, de lobo, y Clemente Paderne, de abuelita. El miércoles de Ceniza. Tres días sin aparecer por casa. Estaban sentados en un banco del Jardín Romántico de San Carlos. Mi padre comía con ansia un sándwich. La gran cabeza inclinada, los lazos de las rubias trenzas de la peluca de paja besando el suelo. Podía escucharse el roce del envoltorio de papel de plata con las púas aguzadas de su barba. Con la falda colorada recogida sobre las rodillas, dejaba ver los pololos blancos con cenefa de encaje, confeccionados con esmero por mi madre, y en contraste grotesco con las peludas piernas del tritón.

Mi padre tenía la costumbre de disfrazarse de mujer en carnaval.

Aparte de eso, no era un tipo especial. Lo que llevaba normalmente sobre los hombros era la seriedad. Cuando me acompañaba de paseo, iba dos pasos detrás y serio, muy serio, como un guardaespaldas. Yo lo miraba desde abajo y me sentía a salvo de todos los peligros. Tenía esa cabeza grande, portentosa, algo inclinada hacia delante como si le pesara la seriedad. O quizás esa inclinación era la consecuencia de la mirada diagonal del tritón que se hizo peluquero. Sus ojos vivos y profundadores, incrustados bajo la cornisa de la inmensa frente, detectaban de inmediato cualquier imperfección. En algún momento de debilidad, conseguíamos que nos hiciera el número del cabezudo. Ponía los ojos en blanco, el dedo índice soportando el peso de la testa en la punta de la nariz, y componía la efigie tambaleante de un frankenstein. Todos reíamos, pero nadie tanto como mi madre. Ella reía y reía. Había una canción que hablaba del cascabel de tu risa. Pues ese cascabel lo llevaba puesto mi madre.

La seriedad de mi padre no era algo que él pretendiese corregir, sino que procuraba perfeccionar con el paso del tiempo en la línea El Hombre Más Serio del Mundo. Tampoco era un producto de la edad. Era serio ya de joven. Una corta temporada trabajó de camarero y lo dejó, según decía, porque no soportaba que le llamasen Pssssh u Oiiiiiga. Por supuesto, ser camarero era para él un oficio tan serio como incomprendido por el común de los mortales. Él hablaba de la hostelería como una de las bellas artes. Para ser un buen camarero hay que tener los brazos de un batería de jazz, las piernas de un bailarín y la mirada de un fotógrafo. Pero, vamos a ver, ¿a quién le gusta que le llamen señor Psssh o míster Oiiiiga? Fue entonces cuando conoció a mi madre. Porque hay otra cosa que se ignora de los camareros: El amor puede llegar a ser una enfermedad profesional. El camarero debe evitar el cruce de miradas con la clientela. Cuando ella no se daba cuenta, le hacía retratos con sus ojos de paparazzi. Y después, cuando cerraba el local, se sentaba en la misma mesa que ella había ocupado y revelaba aquellas fotografías en la penumbra.

Ese camarero con ojos de paparazzi y la chica morena, agitanada, de largas melenas rizas, que leía novelas en un rincón de la cafetería A Barra, tras la nube y el estruendo bélico de los jugadores de cartas y dominó, formaban parte, como un cuadro invisible pero bien impreso, del decorado de la casa de las gaviotas.

Cuando él se hizo barbero, de alguna forma inauguró un estilo. Por decirlo con sus propias palabras, no era de los que tocaba música en el aire con las tijeras ni hacía contorsiones de acróbata alrededor de la silla. Tampoco era un espectáculo como conversador. Mi padre sostenía que hay poca gente más indefensa que la que se pone en manos de un peluquero o de un dentista. Él se concentraba en la operación, cortaba el pelo con la distancia sobria de un delineante sobre la obra. De triunfar su escuela, sería la de la seriedad, la conquista paciente de las proporciones, la confianza que irradia quien jamás hará maravillas pero tampoco provocará desastres. Pasado el tiempo, debo decir que fracasó. Quedó confinado, a la defensiva, solo con los fieles, en el pequeño local con dos sillas y un espejo, sin otro reclamo que las diagonales franjas blancas, rojas y ultramar pintadas en el marco de la puerta, como la señal de una antigua logia, sin atreverse con el letrero en neón de «peluquería unisex» en el que tanto le insistía mi madre.

Pero llegaba el carnaval y mi padre se transformaba como una oruga. Nunca lo encontraba desprevenido. Lo esperaba de Mona Lisa pescadera, de Madonna portuaria, de Folklórica o Moderna, pero siempre en lencería femenina, y su estampa de mujer fatal dejaba una estela de pasmo en las aceras de la ciudad.

Mi madre sí que era algo especial. Había un suceso que ya formaba parte de la leyenda familiar. Ocurrió al poco de casarse, cuando yo ni siquiera era un pedido en los grandes almacenes de la nada. Mi padre había ido al estadio de Riazor con los amigos, a un partido de fútbol del Deportivo contra el Real Madrid. El campo estaba abarrotado de gente. El Madrid salía como favorito, pero había esa atracción de reeditar la historia de David y Goliat y que el pequeño tumbase al poderoso. La sorpresa tomó cuerpo. El equipo local se había crecido bajo la lluvia, plantaba cara en el barrizal. Lo que contaba mi padre es que había un silencio muy tenso, al acecho, cuando ya faltaban pocos minutos. Todos los ojos tras la bola del destino, pestañeando con la brizna de la esperanza. Y fue entonces cuando desde los altavoces de la torre de Maratón salió aquel aviso.

«Comunicamos al señor Francisco Reis que se ponga en contacto urgente con sus parientes por asunto familiar grave.»

Parecía ahora que todo el estadio esperaba en un silencio de pésame que se levantase Francisco Reis. Mi padre también oyó el nombre. Pero lo oyó como si llamasen a otro. Miraba alrededor con la esperanza de que se levantase alguien llamado Francisco Reis, y que se abriese paso con el rostro pálido, desencajado, en dirección a las Malas Noticias. En vano esperó a que se levantase otro Francisco Reis. No lo había. Mi padre, así lo contaba, se desdobló aquella noche en el estadio. Una parte de sí miró hacia la otra y le dijo: «Tienes que tener valor, tienes que levantarte y mantener el tipo. ¡Llaman por ti!». Él vio el rostro del miedo, del pánico, en los amigos. El estremecimiento de pensar que pudo haber sido por ellos la llamada. Todo eso pasó en segundos. Todo el estadio sintió el pánico hasta darse cuenta, uno por uno, que ellos no eran Francisco Reis.

Francisco Reis se sintió fatalmente único. Identificó aquella voz, la del locutor oculto en la torre de Maratón, que leía las alineaciones, la publicidad y los avisos urgentes, como la voz del Más Allá. Se levantó, atravesó la grada, la multitud de cabezas sincrónicas como una plantación de girasoles orientándose hacia la luz cambiante del balón, y fue a la búsqueda de una cabina telefónica, porque entonces, y tampoco hace tanto tiempo, no había móviles. El dedo indeciso en el disco de marcar. Había demasiada información en ese mensaje tan simple. Hablaba de contactar con los parientes. Temió que si llamaba directamente a su mujer, a quien acostumbraba a tratar como Mi Corazón, qué horror, no saldría su voz sino la de una grabación de la compañía, «No existe ningún teléfono con esa numeración», o que el aparato se descolgase solo y se escuchase un silencio teñido por los reproches obscenos, afilados, hirientes de las gaviotas.

Pero, al final, llamó y allí estaba ella, con el cascabel de su risa.

—¿África? ¿Qué pasa, Corazón? —preguntó con angustia.

—¡Que te quiero mucho, Francisco Reis! ¡Que quiero que vengas a deshacer la cama!

Y añade la leyenda familiar que aquella llamada fue mi principio.

El ático en el que vivíamos era para mí como el puesto de grumete en un barco. Cuando el hombre del tiempo señalaba la borrasca de las Azores penetrando por Galicia en la península ibérica, su puntero señalaba justo nuestro ático. Había un falso techo de madera y encima, el tejado de uralita, pero la casa no terminaba ahí. Estaba la vecindad de las gaviotas con su alboroto, con sus pleitos sin fin, peleando por el territorio justo encima de nuestras cabezas. Y con sus idilios. Para nuestra desgracia, hacían sus indigentes belenes en los canalones, tapando a veces los desagües. El nuestro era un hogar cálido lleno de goteras. El remate venturoso, pero accidentado, de una serie de cuadriláteros superpuestos que cada noche transmitían sus peleas y escupían por las persianas las raspas de luz de los televisores para alimentar el hambre insaciable de las gaviotas.

En nuestra casa no se rompían platos. Supongo que mis padres se querían de verdad porque, con el paso de los años, nunca llegaron a las manos. Cuando yo tendía la ropa por la noche, el patio de vecindad transmitía a menudo combates de boxeo, atenuados los golpes por el timbal de las televisiones. Y en vísperas del carnaval, como en una primaveral renovación de complicidades, mis padres preparaban en silencio, dejándome al margen, el disfraz de mujer.

—¡Pero mira qué guapo!

Mi madre tiraba de mí para ir juntas a la calle de la Torre y verlos de comadres a los tres, a mi padre, a Clemente y a Diego, contoneándose, meneando la figura entre el río de gente, hasta desembocar en el Campo da Leña. Ella riendo y yo ardiendo de rubor y rabia, rezando para que no pasaran mis amigas (*¿Es tu padre, Rosa? ¡Sí, es mi padre! ¿Pasa algo?*), y escuchando impotente las chanzas de los mirones.

—¡Cómo le pega ése a la cumbia!

—¡Qué pinta de putón verbenero!

Y el regreso a casa era siempre igual. Cuando llegaba, parecía una de esas figuras descompuestas del arte abstracto, que ahora tanto me fascinan, un molde descartado del Génesis. Los zapatos de tacón permanecían pegados a él por esa extraña fidelidad que nos tiene el calzado. Las carreras de las medias. El sujetador caído, perdidas las tetas postizas, mostrando por fin en el amplio escote la pelambrera del pecho de tritón. La peluca de rubia en la mano, apretada como una cabellera arrancada en combate por un indio de las películas del Oeste. La voz ronca. La derrota.

—¡Pero, nena, no te avergüences!

Y mi madre, riendo, todavía bailaba con él, en el lento surco del vinilo, una de Nat King Cole, envueltos los dos en un brazo de gaviota, haciendo garabatos en la piel de la noche con la lengua y la pintura de los labios.

El año en que decidieron que yo era lo suficientemente grande como para quedarme sola con las gaviotas, mi madre se disfrazó de Gran Gatsby, así le llamó, y salió por su cuenta con un traje de tela blanca, la corbata escarlata, el postizo de un bigote recortado y una visera que le recogía la catarata en rizos de su pelo. Era muy buena modista mi madre. Su máquina Singer era lo único que acallaba a las gaviotas.

—No te preocupes. Si llego tarde, llamaré.

Pero no llamó. Yo me quedé dormida delante del televisor, tumbada en el sofá. Me despertó el teléfono. Era mi padre. El amanecer devolvía las raspas de luz por las persianas.

—¿Y tu madre? —preguntó él. Afónico. Angustiado. Lo imaginé en la cabina con el ceño fruncido de una mujer muy seria.

—Está dormida –mentí—. Llegó muy cansada.

—¡Es que esto cansa mucho, nena!

Fui a su habitación y me acosté sobre la cama, sin deshacerla. Sentí una extraña paz. Las gaviotas, no sé por qué, se calman al amanecer. Desperté años después. Los estoy viendo. El Gran Gatsby y Marilyn bailan descalzos en la sala, cosiéndose los cuerpos, con esa tendencia a la proporción que tienen todas las formas del universo, incluso las ruinas. Pincho en el tocadiscos aquella canción francesa que tanto les gustaba, *Le temps de vivre,* les sonrío y me echo a volar escaleras abajo porque se está haciendo tarde.

Espiritual

Ahí está. Fíjate.

Redujo la velocidad y ella pudo leer en voz alta el texto de la valla publicitaria.

«El mundo dice: Ver para creer. Y yo os digo: Creed en mí y veréis. Firmado: Dios.»

Pues sí. Era cierto. Una valla publicitaria sin otra identificación. La firma de Dios. Letras en negro, de tipo gigante, sobre fondo blanco. Había otras tres vallas de semejante tamaño, en letras de colores y con fotografías, pero que casi pasaban inadvertidas al lado de la valla de Dios. Bien miradas, completaban un rompecabezas: Un Seguro de Vida, un Hipermercado y una Residencia de la Tercera Edad.

Deberían retirarla, dijo el conductor de la ambulancia, un joven con el jersey de la Cruz Roja. La gente se despista, se sale del carril y choca con los que vienen en sentido contrario. Como si condujeran con los ojos cerrados. Ya van media docena, por lo menos. Accidentes mortales. Se lo dije a uno de los guardias que hacía el último atestado: ¡La culpa es de los anuncios de Dios! ¡Vaya a ver!

¿Y qué hizo?

Fue a mirar. Al leerlo, quedó medio grogui. Se lo noté. Es lo que les pasa a todos los conductores. Pero no hizo nada, supongo. El anuncio sigue ahí. Y habrá más accidentes, más muertos. ¡Ya verás!

Virgen de la Serpiente (detalle), Caravaggio.

Quizás no quiso informar contra Dios, opinó la doctora. ¿Qué le dirían sus superiores, los que están en los despachos?

El joven se rió: Eso fue lo que pensé yo.

¿Tú tienes que ver para creer?, le preguntó ella, peinándose con los dedos.

No. Yo creo sin ver.

¡Pues qué tonto!, exclamó ella. Y sonrió al paisaje.

Venían de regreso del hospital, de dejar a un accidentado. El asfalto se estrechó monte arriba y en la ladera galopaba, escapando del oeste, una yeguada de nubes azules con malva y bronce en las ancas.

El joven disminuyó la velocidad casi a la de un caminante. Sabía que ella se iba a fijar en aquella casa. Era como si estuviese hecha en hiedra. Las ventanas eran ojos cerrados con pestañas verdes y el tejado, un manto de esos pequeños helechos que llaman hierba dorada, donde sobresalían los campanarios púrpura de las dedaleras. Pero la chimenea echaba humo y, en la era, un hombre cortaba leña con una macheta.

¡Esa casa! ¡Para un momento!

No. No puedo parar del todo.

¡Qué lugar más hermoso!

¿Te parece bonito?

¡Un sueño! ¿A ti no?

Esa casa, esa casa tiene una historia. Cuando un niño pregunta, se le dice que no se puede contar.

Ya. Una casa de fantasmas.

No. Aquí no existen los fantasmas. Eso es un invento moderno.

¿Endemoniada?

Eso puede ser.

Pero ¿qué pasó en esa casa?

En esa casa, nada. Pasó en Buenos Aires.

¡Cuántas vueltas das!

Se dice que el hombre que vive en esa casa mató a su padre. De una puñalada. *Fue en la esquina de las calles Cabello y Coronel Díaz.* Así dice el relato que corrió por aquí. Con esas palabras.

¡Qué horror! ¿A su padre? ¿Ese hombre que vimos pasar?

La verdad es que lo mandaron, como quien dice, con la sangre en el cuchillo. El padre emigró y se había aprovechado el viaje para que llevara una gran arca llena de encajes con la encomienda de venderlos. El trabajo de meses y meses de muchas mujeres. Pero de él nada se supo. Nada. No envió ni un peso. Cada vecino de la comarca que emigraba llevaba el encargo de investigar. Pero nada. Ni una huella del vendedor de encajes. La familia vivía con ese baldón, con esa vergüenza. Cuando el hijo se hizo mozo, tan pronto tuvo la edad, se embarcó y se marchó a la busca del padre. Regresó muy pronto. Él, por su boca, nunca contó nada. Traía una cicatriz. Eso es todo.

Pero ¿es cierto o no que mató al padre?

¡Yo qué sé! Yo no lo vi.

¿Ves? Quizás ocurrió justo al revés y el que murió fue él. Quizás ése es el padre.

No está mal pensado, dijo él. ¿Sabes una cosa, lo más curioso de todo? Es la única persona en la que de verdad confían los vecinos. Desde que comenzaron los robos de los santos para venderlos a los ricos Europa adelante, él es el custodio de las imágenes. Ahí está la Milagrosa, la que camina sobre las nubes. Y ahí está la Virgen de la Serpiente, la que le enseña al niño a pisar la culebra del mal.

No sabía que existía esa Virgen.

Pues aquí está. Las dos son bien lindas.

¡Me gustaría verlas!

¡Acabas de llegar y quieres ver todo!

Todo.

Nota del autor

En el primer relato, *Nosotros dos,* hay una escena inspirada en el magnífico libro de memorias de Antón Tovar, publicado en gallego, *Diario íntimo dun vello revoltado.* Es el momento en que Dalía le dice a Tomé: «Si te casas, te van a poner los cuernos de una vaca rubia». Sirva de homenaje. En este mismo relato, la prédica del cura sobre la santísima trinidad del nabo, la nabiza y el grelo se la debo a una anécdota contada por el buen amigo Felipe Senén. El hombre que duerme bajo un piano en *El héroe* es un homenaje a Antón Avilés de Taramancos, en su juventud coruñesa. En este relato, la cita poética sobre Caronte pertenece a un poema de Antonio Machado, el titulado *A don Ramón del Valle-Inclán.* Las letras de las canciones que aparecen en *El amor de las sombras* pertenecen a boleros interpretados por Antonio Machín. La letra de *El reloj,* de la que se cita una estrofa en *Nosotros dos,* fue escrita por Roberto Cantoral.

Este libro
se terminó de imprimir
en los Talleres Gráficos
de Unigraf, S. L.
Móstoles, Madrid (España)
en el mes de mayo de 2002